James Dean

© 1983 by Beulah Roth. Englischer Originaltitel: James Dean
Zuerst erschienen bei: Pomegranate Artbooks, California/USA
© 1987 Benedikt Taschen Verlag
Balthasarstr. 79 · D-5000 Köln 1
ISBN 3-8228-0064-3
Druck: Kölnische Verlagsdruckerei, Köln

Sanford Roth
Beulah Roth

JamesDean

Taschen

James Dean: photographed by his friend Sanford Roth

James Dean: fotografiert von seinem Freund Sanford Roth

James Dean: photographié par son ami Sanford Roth

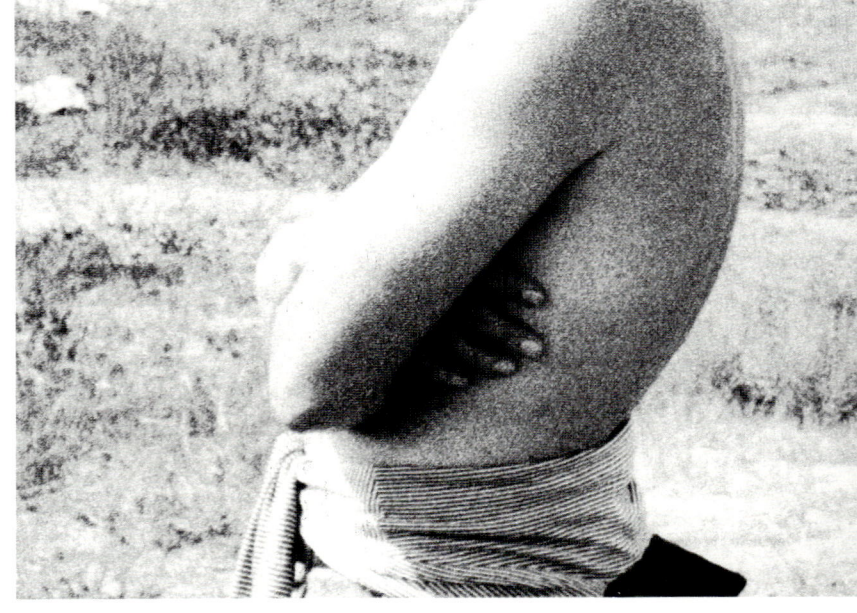

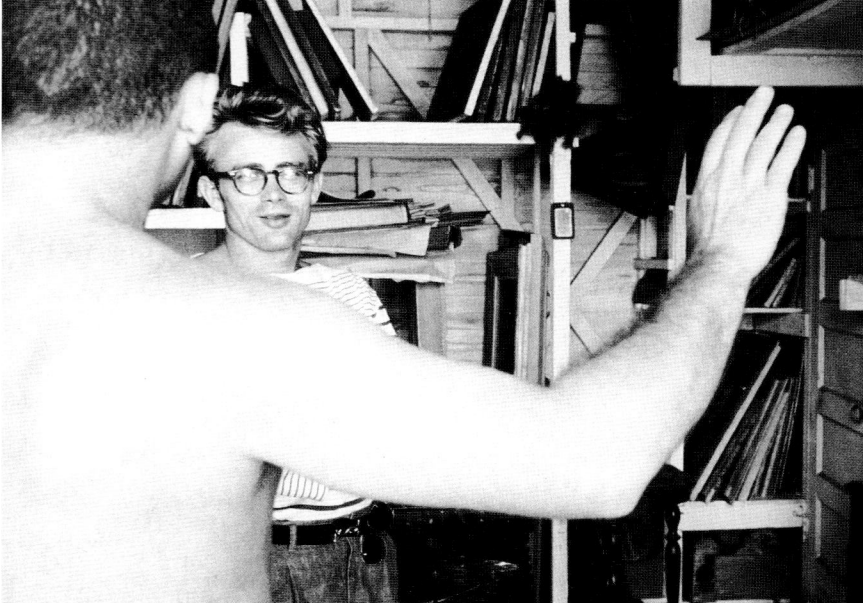

23

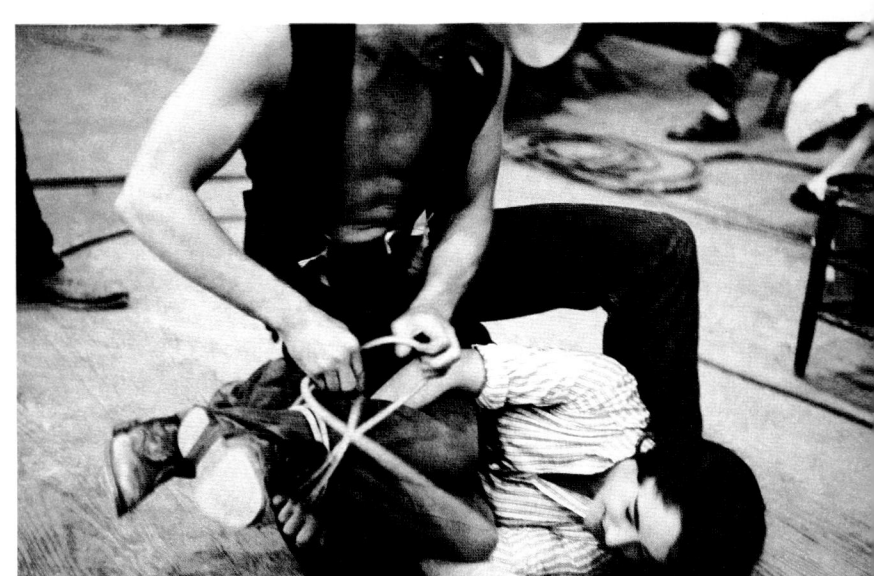

31

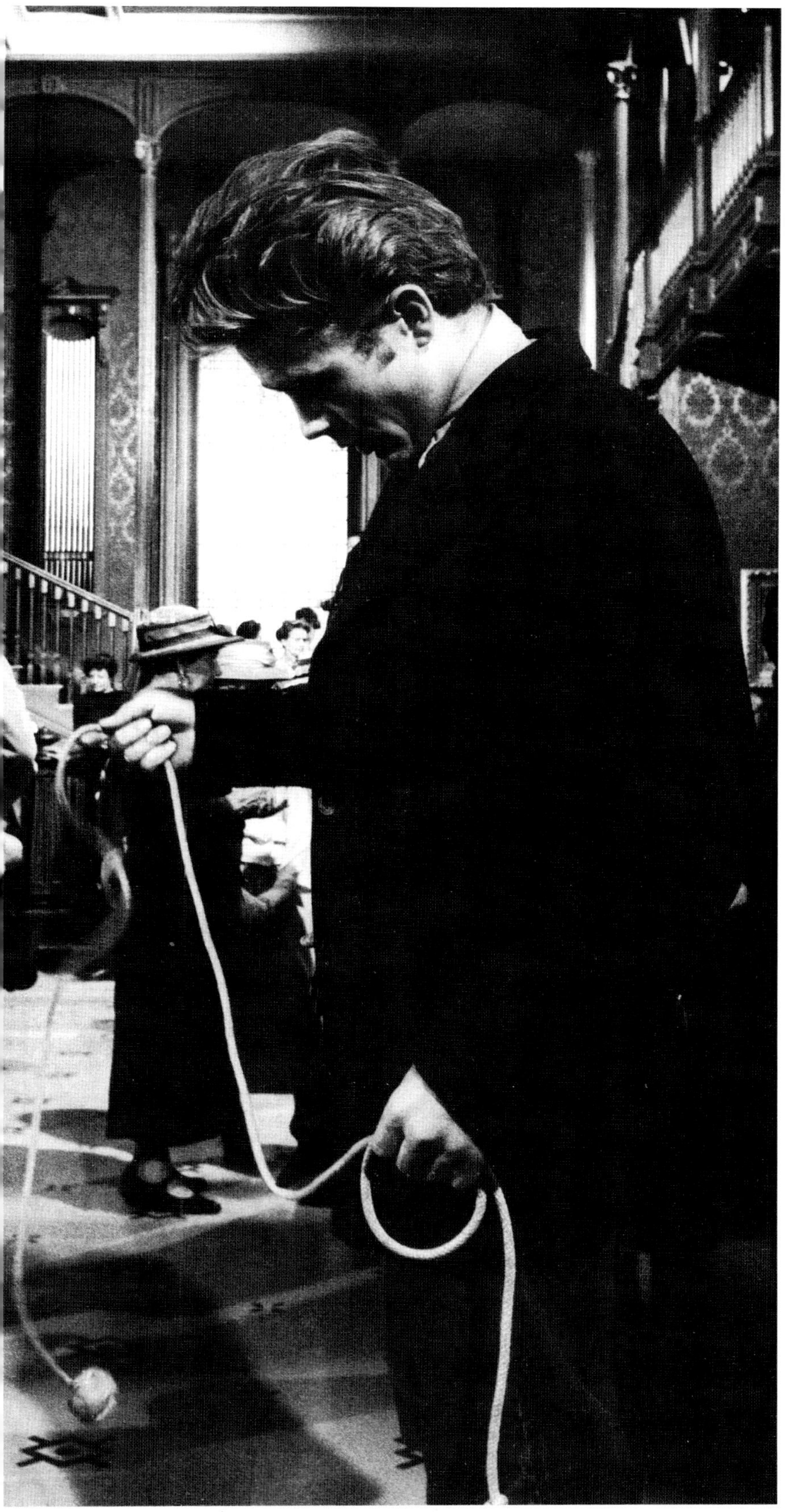

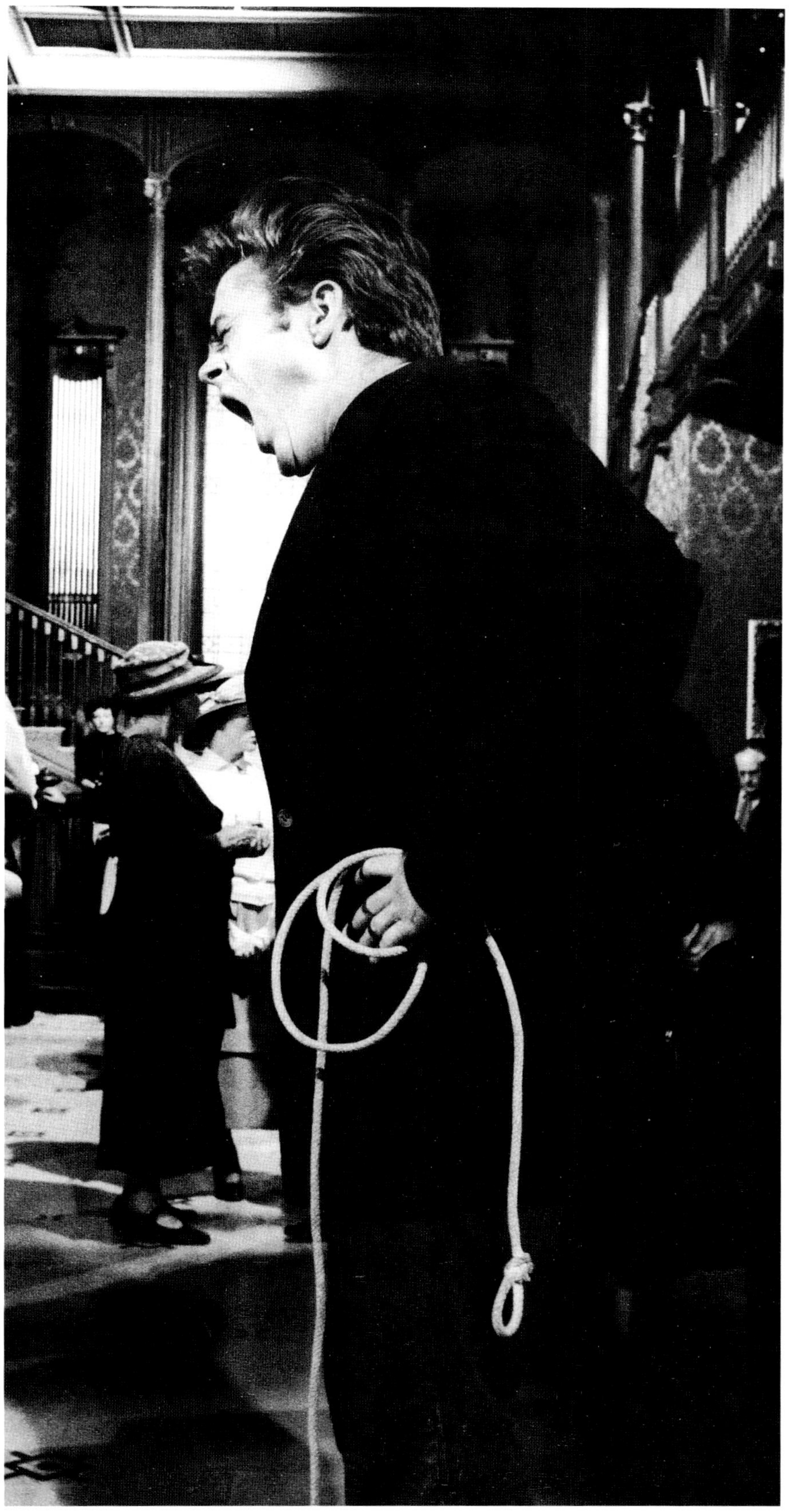

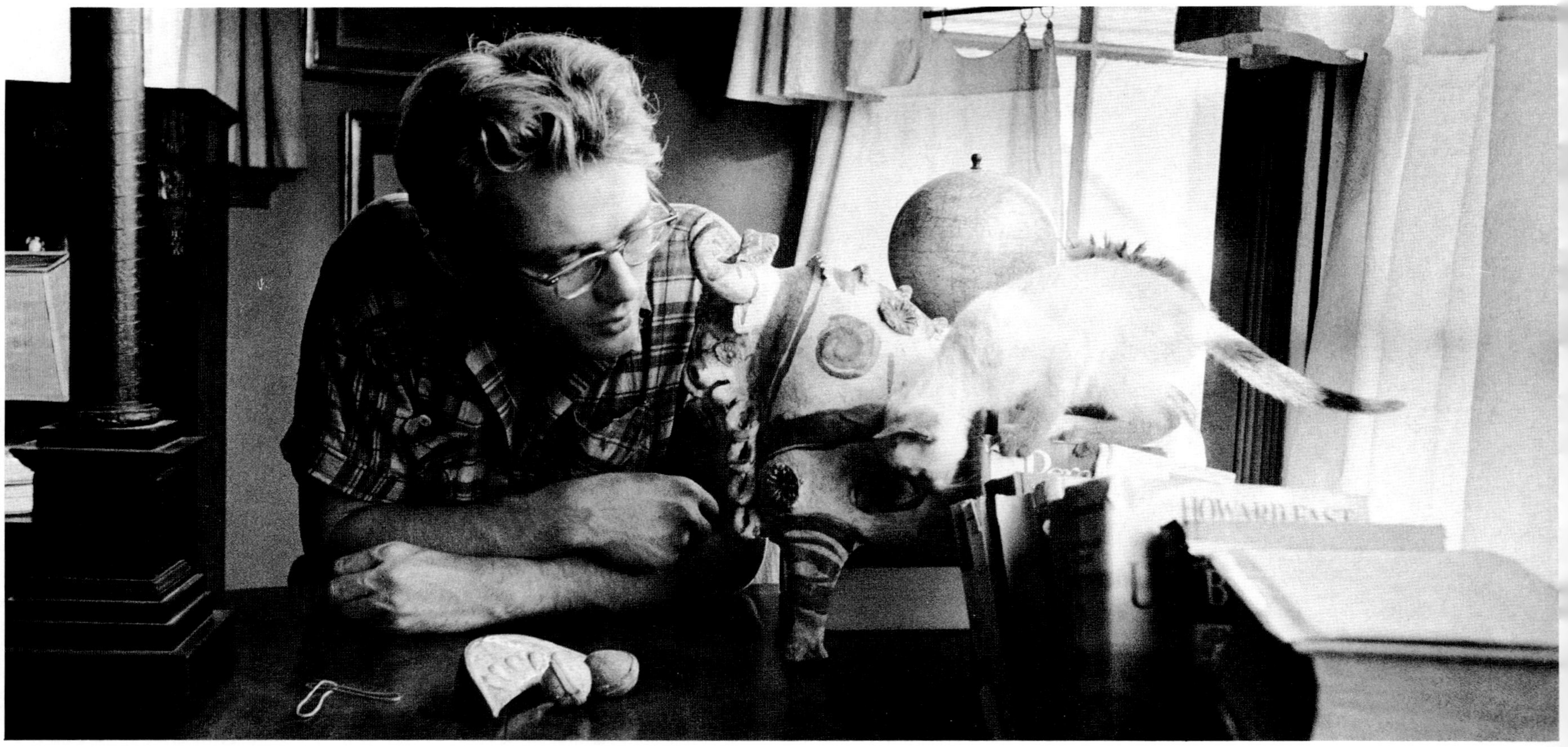

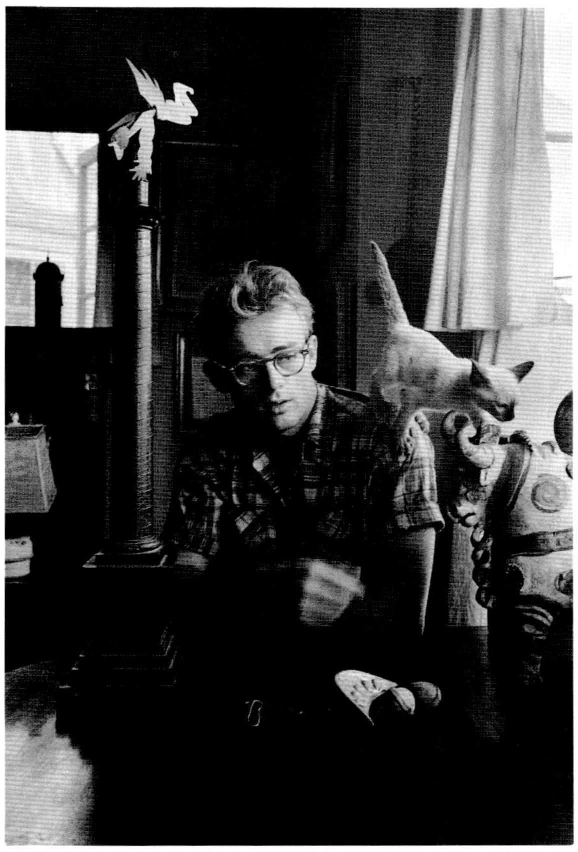
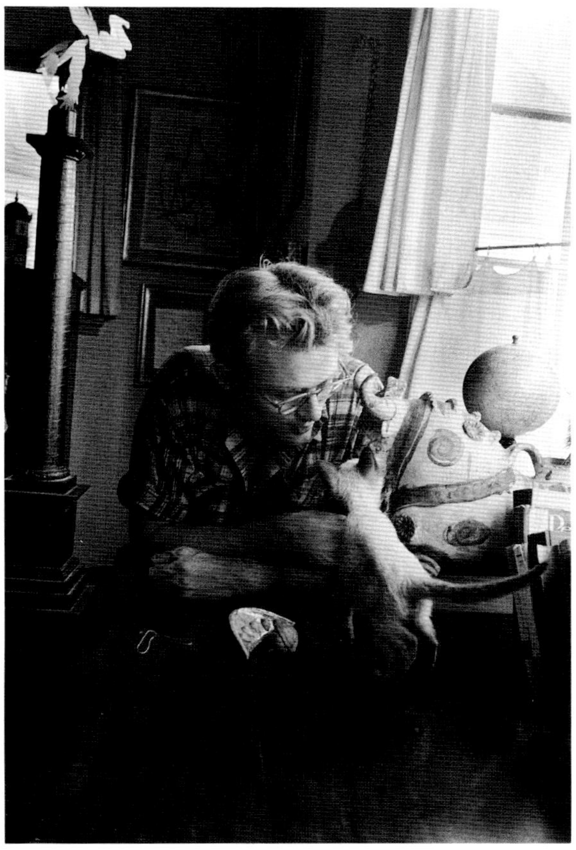
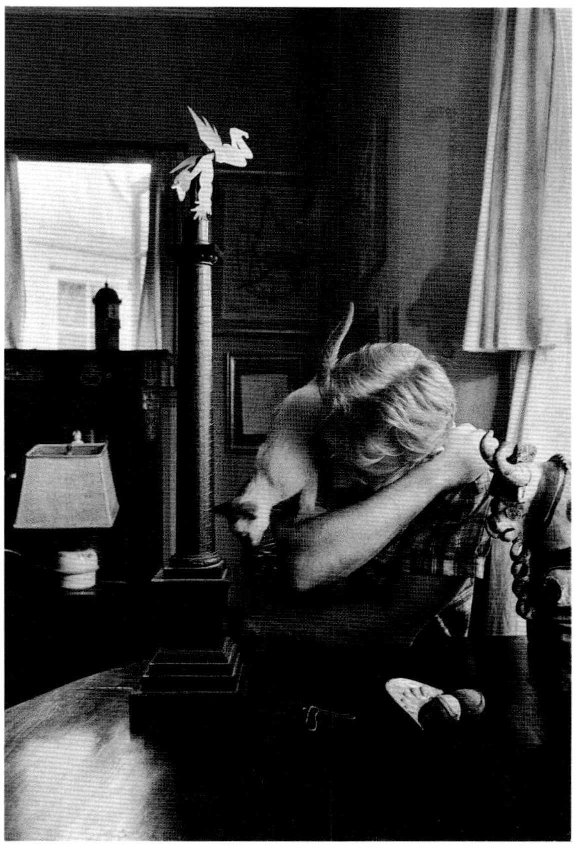

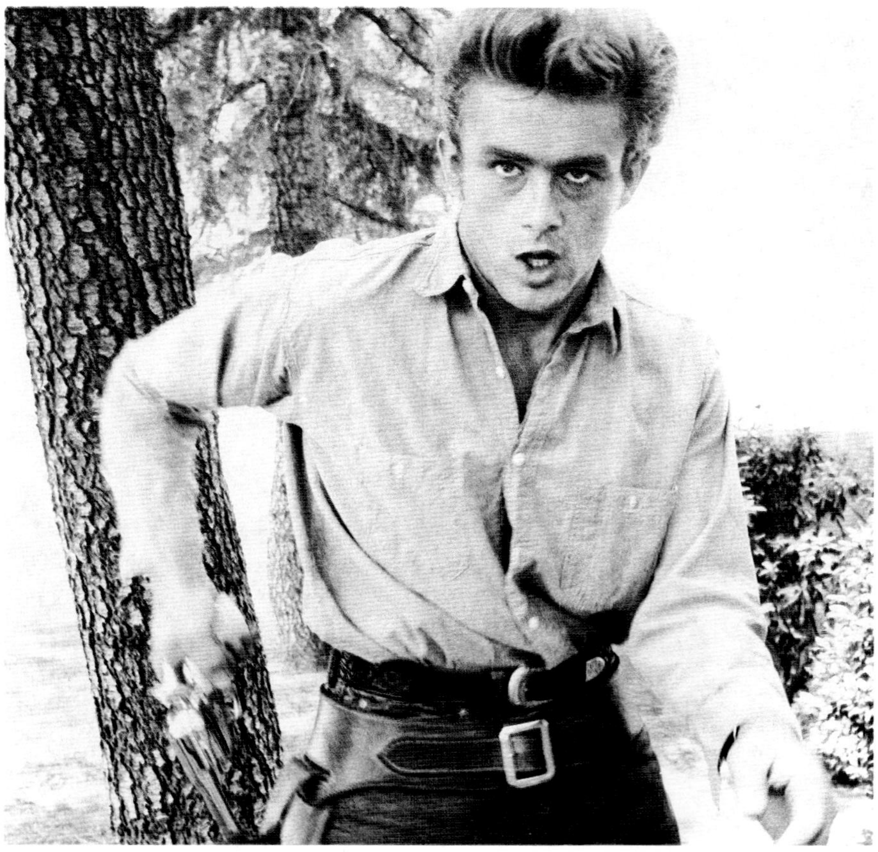

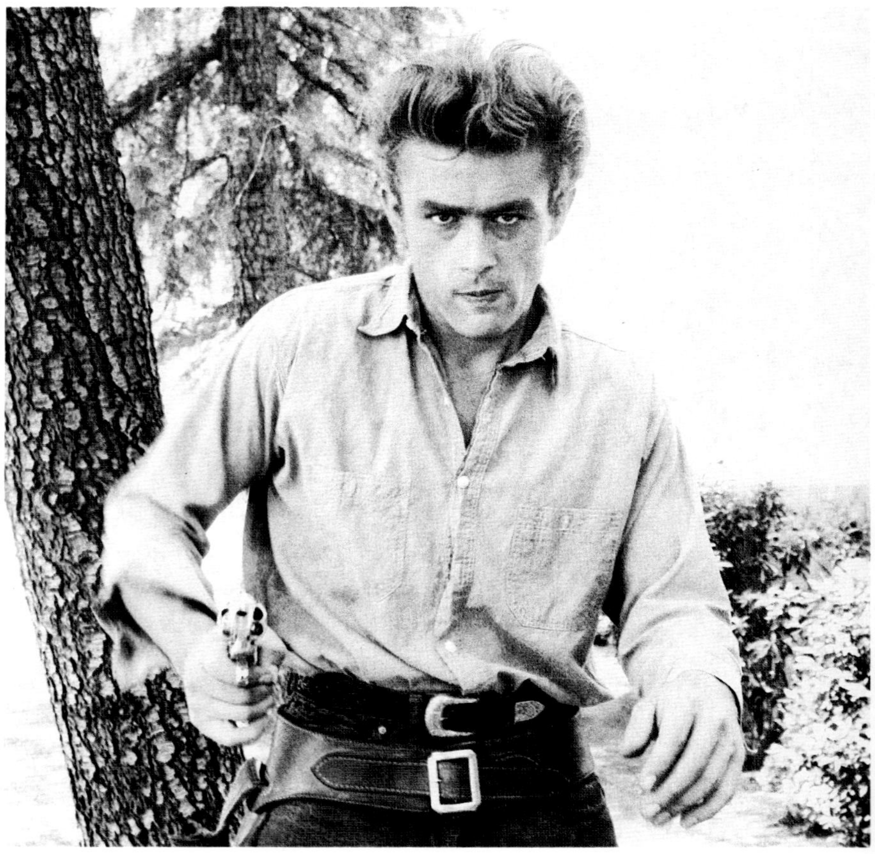

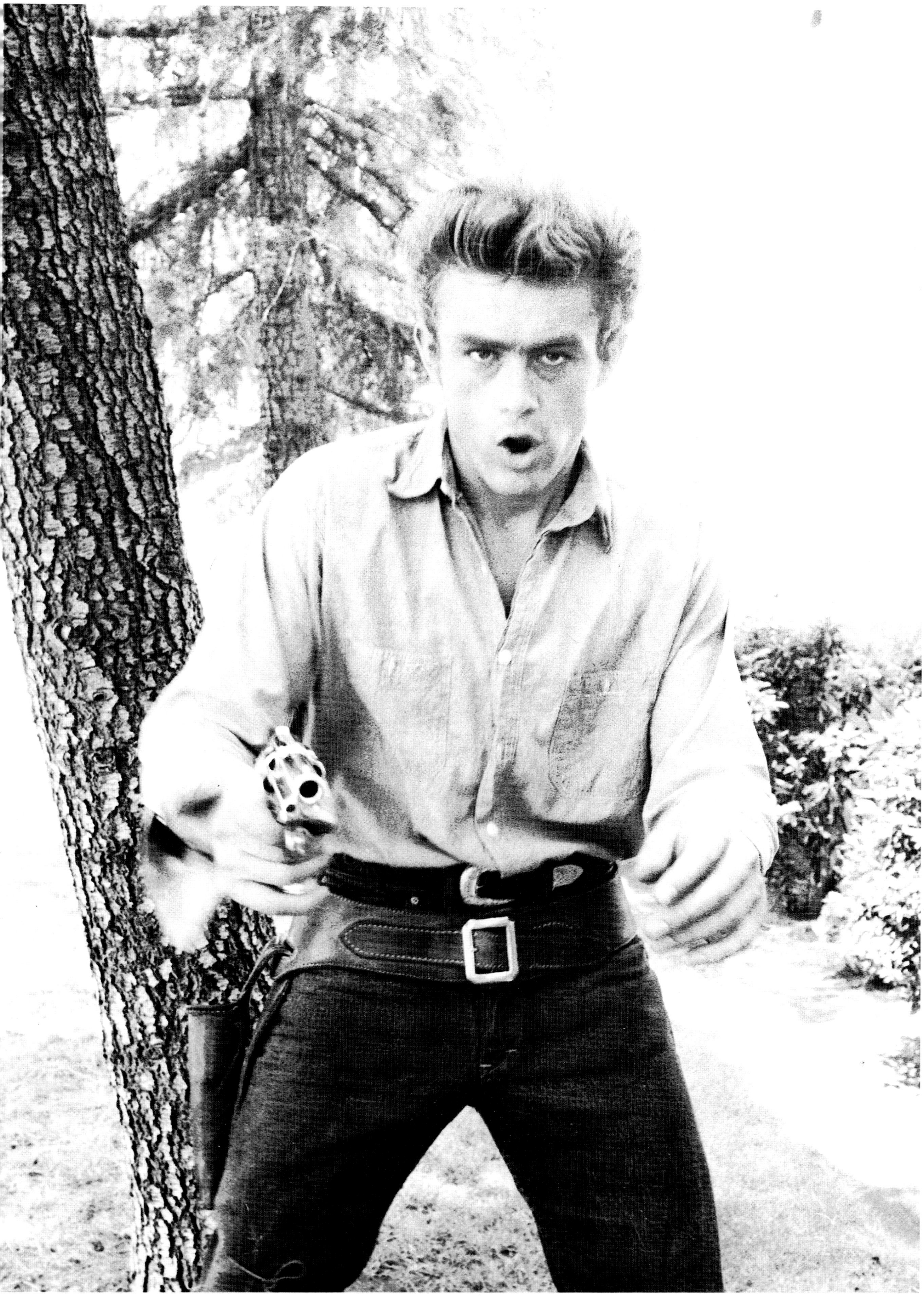

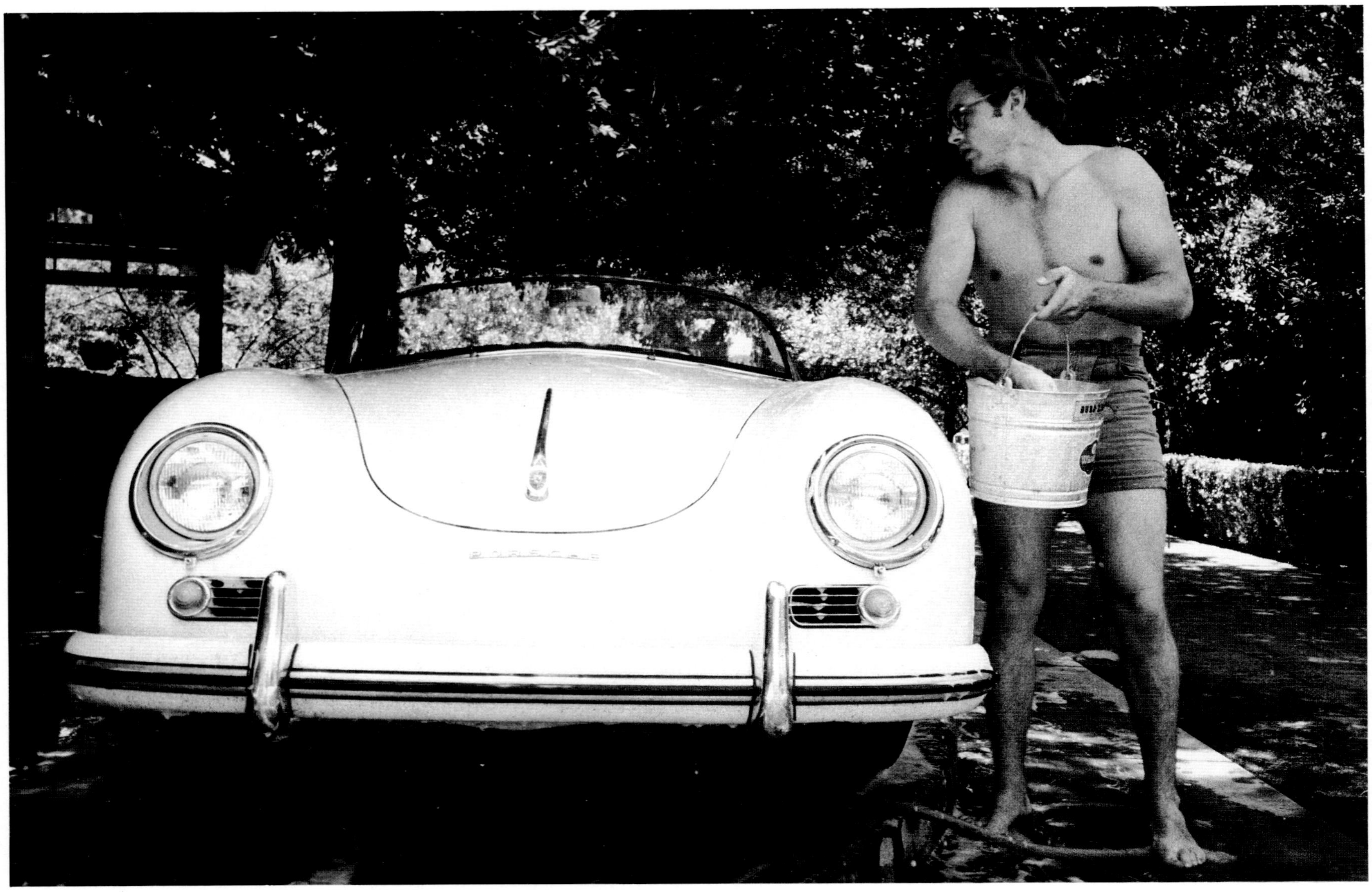

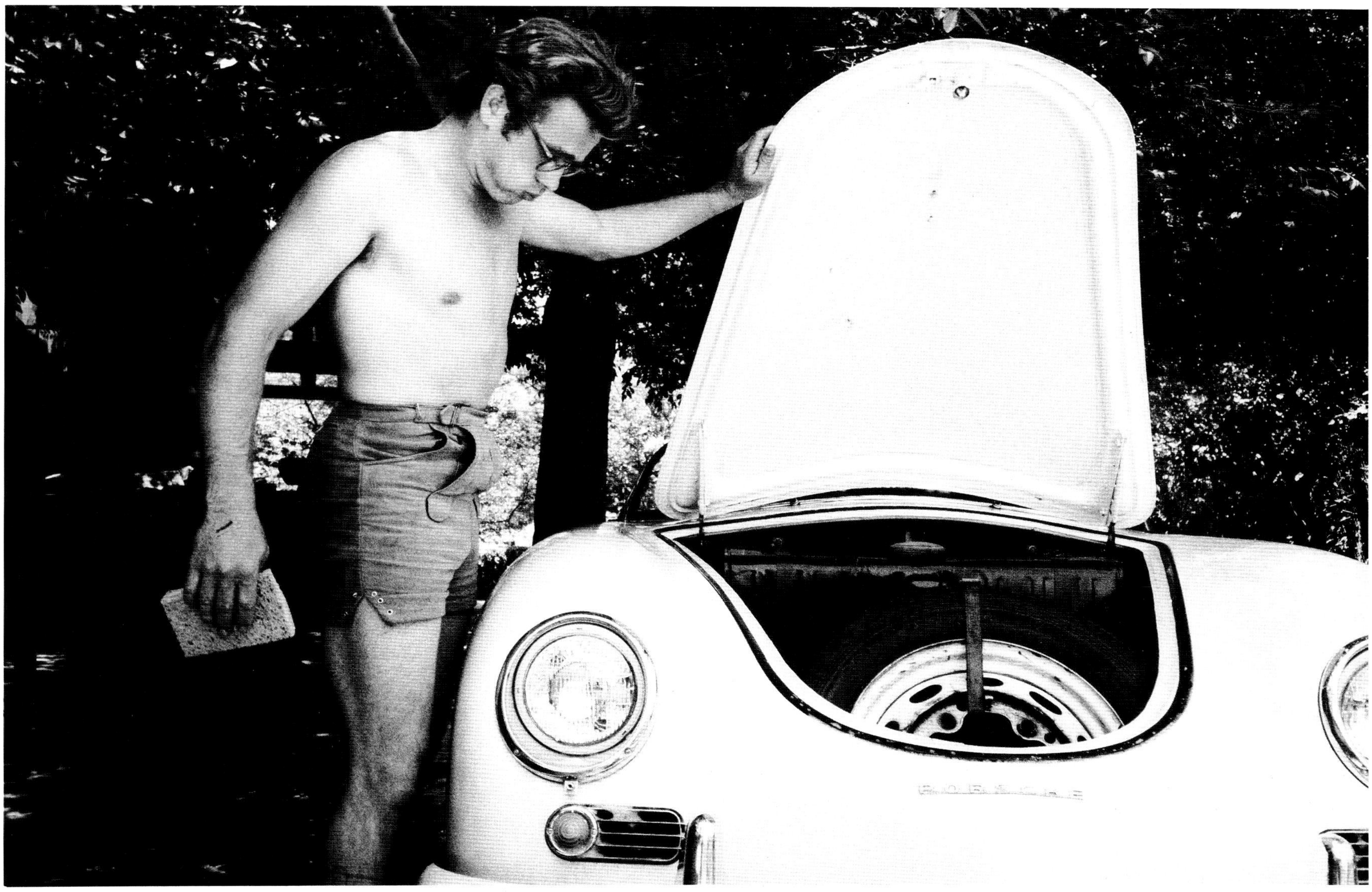

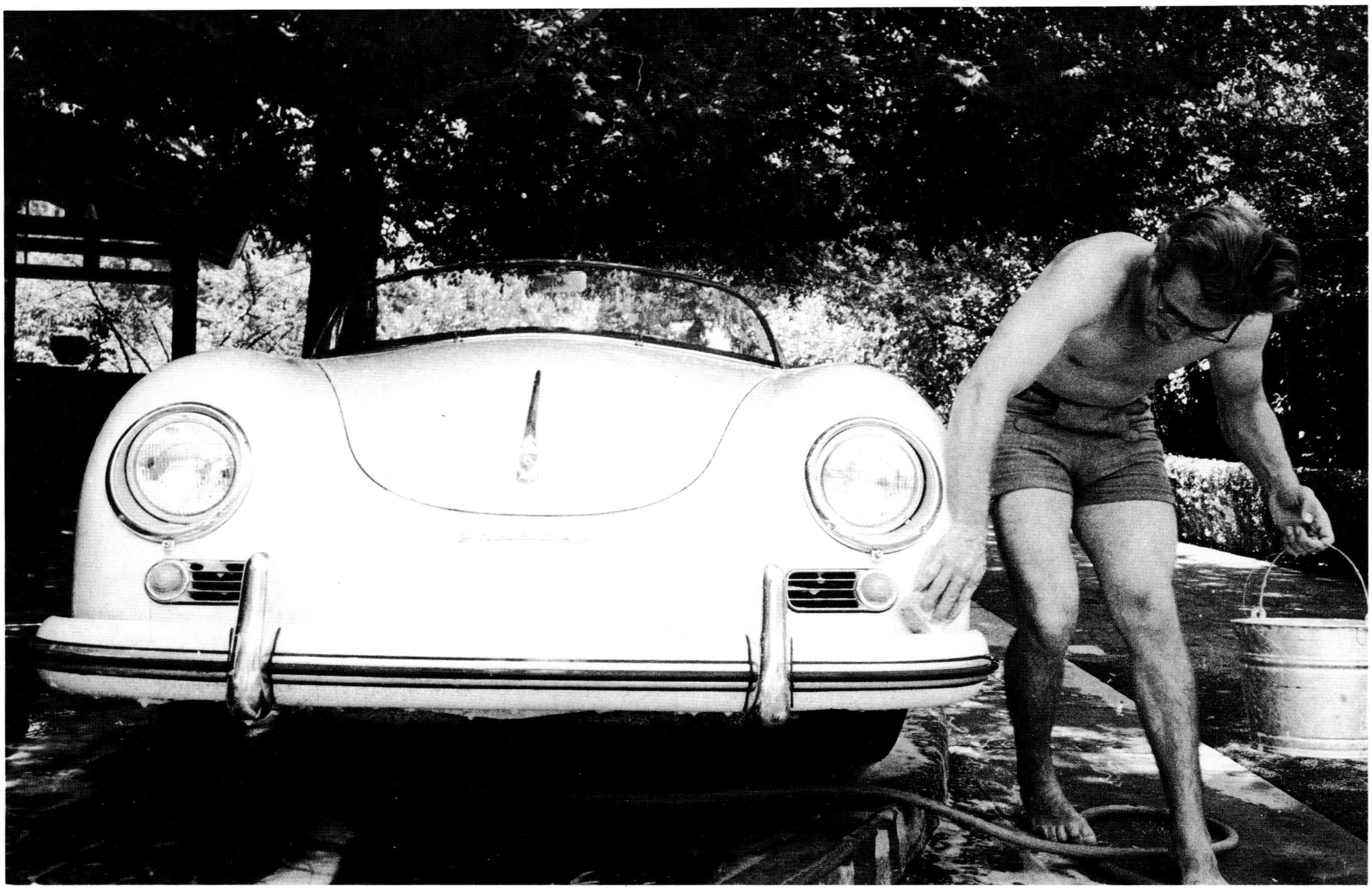

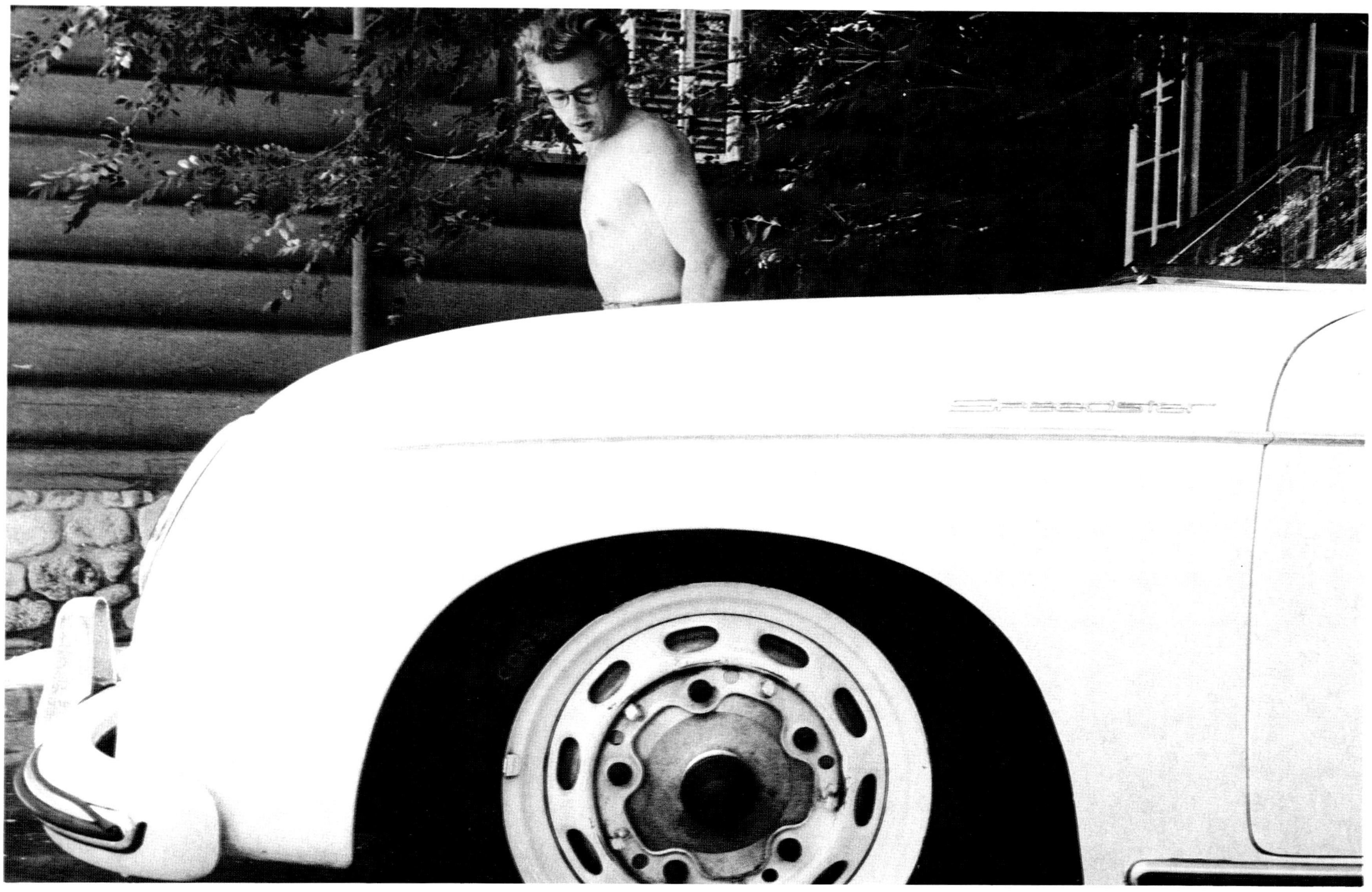
Speedster

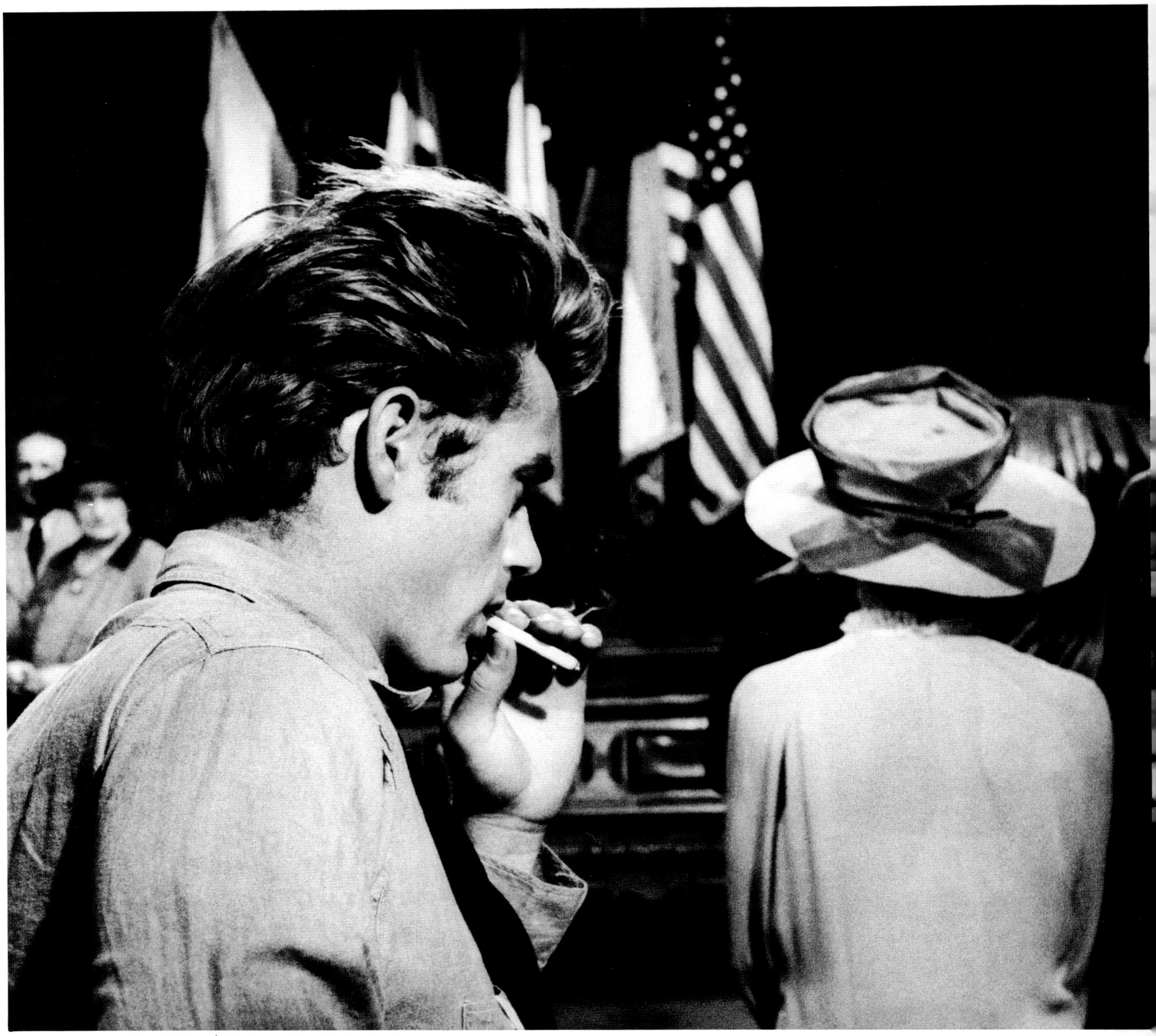

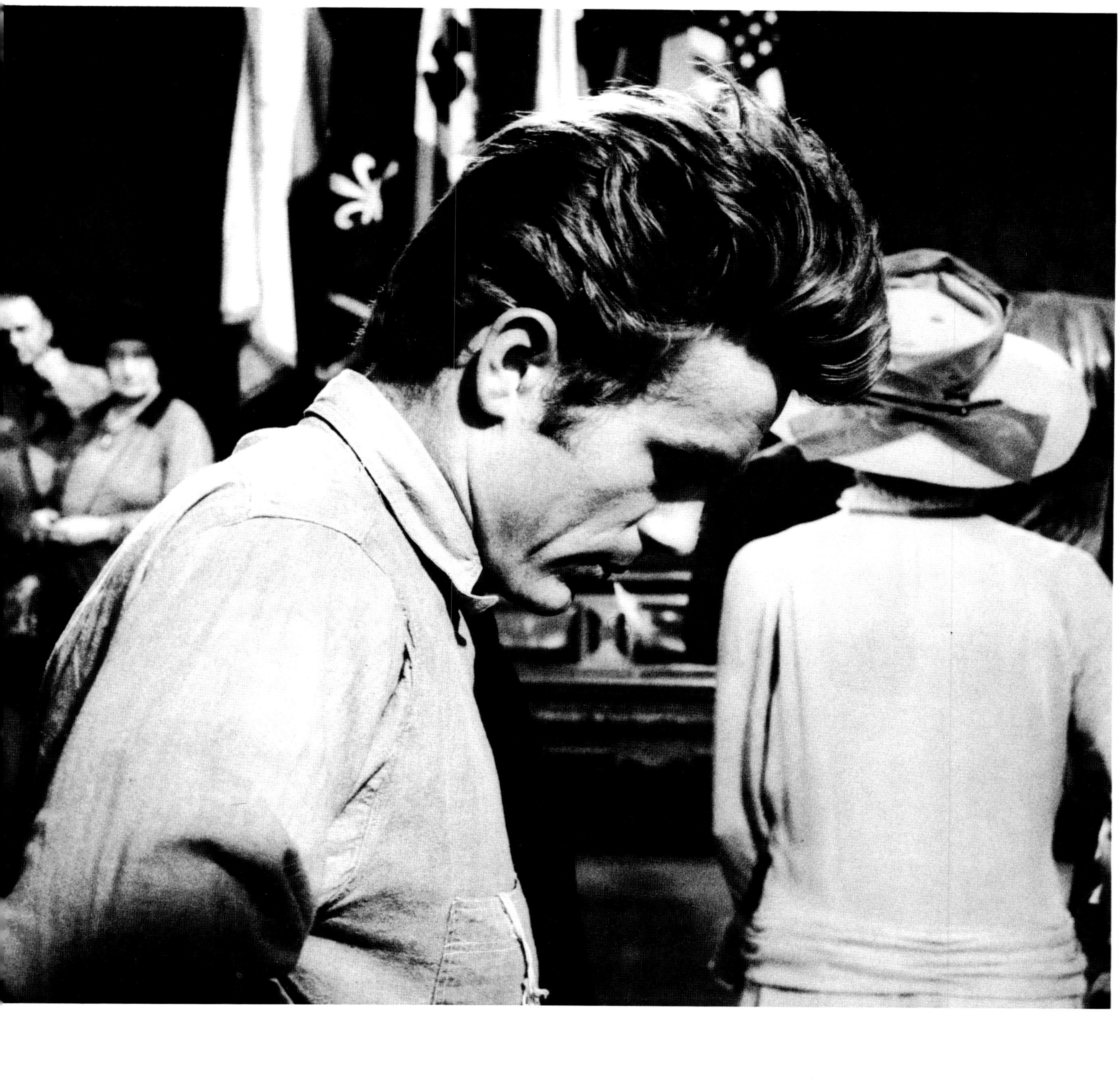

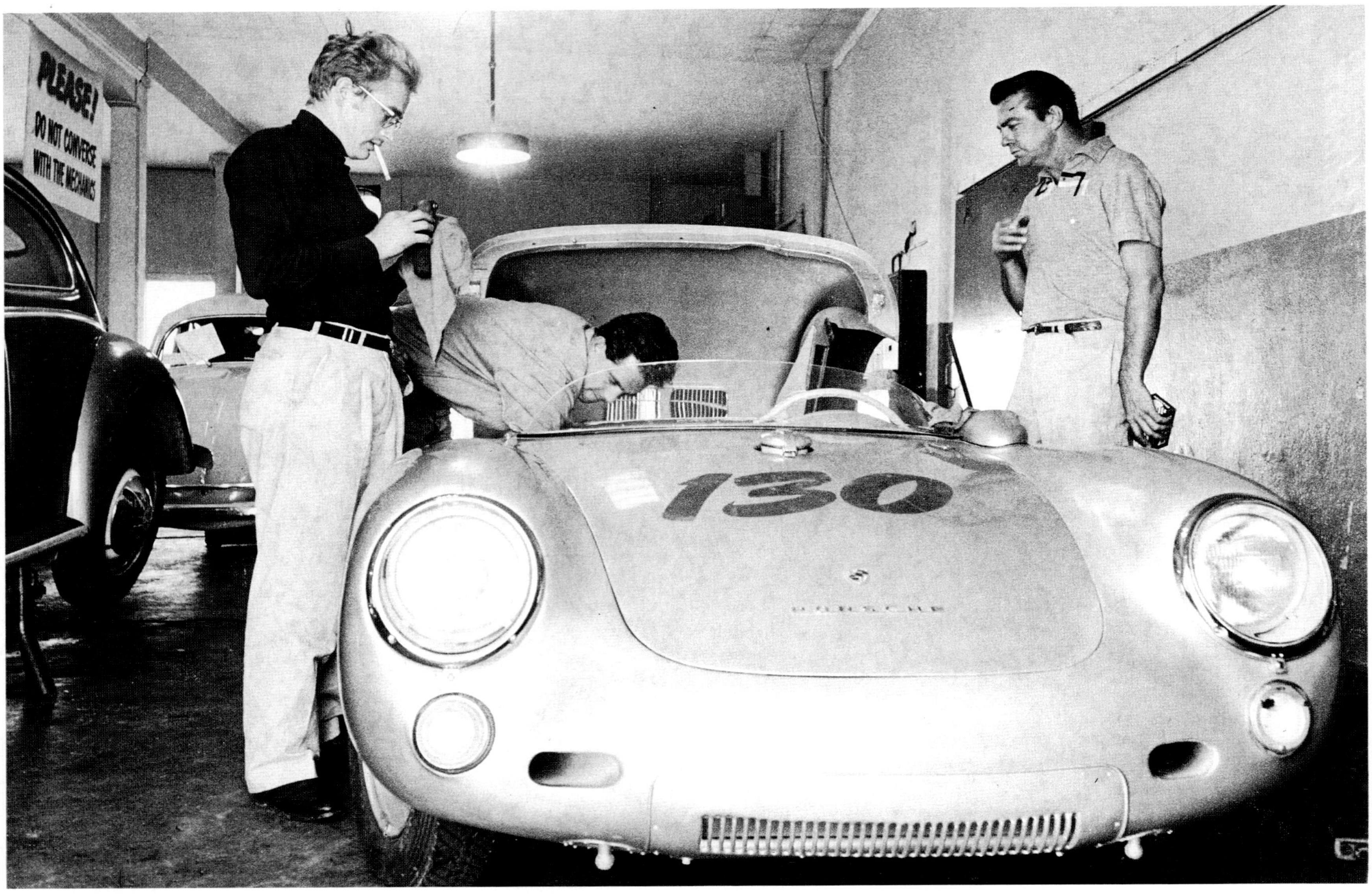
PLEASE!
DO NOT CONVERSE
WITH THE MECHANICS
130

James Dean crossed our threshold for the first time in the early Spring of 1955. My husband, Sanford Roth, often compared his historic meeting with Jimmy as an encounter between two cats: each looking at the other over the rims of their eyeglasses, ears twitching with anxiety, dread, suspicion, and distrust followed by a casual licking of a paw. This maneuver, a dexterous feline ploy, has been described by Paul Gallico as »When in doubt — wash.« If there were any doubts, they were dissipated quickly for Sandy was born under the sign of Leo, Jimmy under Aquarius. Fire and water, astrologically compatible. Besides, they liked each other. That evening, he sat at our dinner table, sullen, unfriendly, withdrawn, casting myopic glances at the chicken curry and chutney

James Dean betrat unser Haus zum ersten Mal im Frühjahr 1955. Mein Mann, Sanford Roth, verglich diese historische Begegnung oft mit jener zweier Katzen: sich gegenseitig über den Rand der Brille hinweg beäugend, mit zuckenden Ohren, scheu, ängstlich, erfüllt von Argwohn und Mißtrauen, schließlich beiläufig eine Pfote leckend. Dieses Manöver, eine geschickte Katzentaktik, hat Paul Gallico einmal so beschrieben: »Im Zweifel… waschen.« Sollten irgendwelche Zweifel bestanden haben, so wurden sie rasch zerstreut, denn Sandy war im Zeichen des Löwen geboren und Jimmy im Zeichen des Wassermanns. Feuer und Wasser, astrologisch vereinbar. Außerdem mochten sie sich. An jenem Abend saß er an unserem Tisch, mürrisch, unfreundlich, abwesend, und warf kurzsichtige Blicke auf das Curry-Huhn mit Chutney, das ich servierte.

James Dean passa pour la première fois le seuil de notre porte au début du printemps 1955. Mon époux, Sanford Roth, a souvent comparé cette rencontre historique à celle de deux chats. Chacun regardant l'autre par-dessus le rebord de ses lunettes, contractant les oreilles avec anxiété, crainte, soupçon et méfiance, le tout suivi d'un désinvolte coup de langue sur la patte. Cette manœuvre, une habile ruse féline, a été décrite par Paul Gallico en ces termes: »Dans le doute…nettoie.« Si il y avait eu des doutes, ils s'étaient dissipés bien vite car Sandy était du signe du lion et Jimmy était du verseau. Le feu et l'eau astrologiquement compatibles. Et puis en plus, ils s'accordèrent bien. Ce soir-là, il s'assit à notre table, l'air morose, froid, absent, jetant des regards de myope sur le poulet au cari et le chutney que je servais. Pour quelqu'un dont le palais

I was serving. For someone whose palate was attuned to chili and hamburgers, pizza and tacos, chicken curry must have seemed highly exotic. But the chutney was NOT. I was amazed to hear him comment that it tasted just like his aunt's plum preserves on the farm in Indiana. Plums are a rather old fashioned fruit and have scarcely any admirers left. Still, I dote on them and so did James Dean. He offered me the crop of the plum tree in his garden which bore bushels of fruit. That's how we became friends. He was from that time forward, a constant guest, sometimes invited, sometimes not, but always welcome. I can't tell you whether he came to see my husband or me. Yes, I CAN. He liked us, but he loved our cat, Louis, and we came to recognize that he was Louis' guest. Louis was a generous host. He let Jimmy sit on his »throne«.

Jemandem, dessen Gaumen an Chilisauce und Hamburger, Pizza und Tacos gewöhnt war, mußte ein Curry-Huhn höchst exotisch erscheinen. Das Chutney jedenfalls war es NICHT. Ich war überrascht, als ich ihn sagen hörte, daß es genauso schmecke wie die Pflaumenmarmelade seiner Tante, einer Farmerin in Indiana. Pflaumen sind ziemlich altmodische Früchte und haben nur noch wenige Anhänger. Ich kann allerdings gar nicht genug davon bekommen und James Dean ging es genauso. Er bot mir den Ertrag des Pflaumenbaums in seinem Garten an, der büschelweise Früchte trug. So wurden wir Freunde. Von dieser Zeit an war er ein ständiger Gast, mal geladen, mal nicht, doch stets willkommen. Ich kann nicht sagen, ob er wegen meines Mannes zu uns kam oder wegen mir. Oder doch, ich KANN. Er hatte uns gern, doch seine Liebe

s'accordait avec la sauce au chili et les hamburgers, avec les pizzas et les tacos, le poulet au cari devait paraître hautement exotique. Mais le chutney, lui, ne l'était pas. Je fus surprise de l'entendre dire que cela avait exactement le même goût que les confitures de prunes de sa tante fermière dans l'Etat d'Indiana. Les prunes sont plutôt démodées de nos jours et ne comptent plus que de rares admirateurs. Cependant, j'en raffolais toujours et il en allait de même pour James Dean. Il m'offrit la récolte du prunier de son jardin qui portait des boisseaux de fruits. C'est ainsi que nous devînmes amis. Il fut à partir de ce temps-là, un hôte constant, quelques fois invité, quelques fois sans l'être, mais toujours le bienvenu. Je ne pourrais pas vous dire s'il venait pour voir mon mari ou pour me voir. Ou plutôt, oui, je peux vous le dire. Il nous aimait mais il aimait surtout notre chat, Louis, et nous en arrivâmes

The »throne« was and still is an 18th century Venetian chair, scarred and stained by the many indiscretions of cat and dogs. Created for an aristocrat in brocade and lace, the delicate chair seemed to be outraged by the intrusion of Jimmy's long blue-jeaned legs. It was there, in this awkward position, the chair creaking perilously under him, that he would fall asleep with Louis on his lap. The two of them dreamed together.

Jimmy dreamed perhaps of Fairmont, Indiana and the farm that he loved. Or, the vague shadow of a mother who was taken from him early in life. Or, he may have in his recurrent fantasy of walking down the Boulevard St. Germain, the street he knew only from photographs. It was a dream that was never to come true.

galt unserer Katze Louis, und wir gelangten zu dem Schluß, daß er Louis' Gast war. Louis war ein großzügiger Gastgeber. Er ließ Jimmy auf seinem »Thron« sitzen. Der »Thron« war und ist ein venezianischer Stuhl aus dem 18. Jahrhundert, der unter der achtlosen Behandlung durch die Katze und die Hunde arg gelitten hatte. Geschaffen für einen Aristokraten in Brokat und Spitze, schien der zerbrechliche Stuhl das Eindringen von Jimmys langen, mit Blue jeans bekleideten Beinen als Beleidigung zu empfinden. Dort, in dieser unbequemen Stellung, einen gefährlich ächzenden Stuhl unter sich, schlief er mit Louis auf dem Schoß ein. Sie träumten gemeinsam.

Jimmy träumte vielleicht von Fairmont in Indiana und der Farm, die er liebte. Oder von dem undeutlichen Schatten einer Mutter, die ihm so früh genommen wurde. Vielleicht träumte er aber auch wie so oft davon, über den Boulevard Saint-Germain zu schlendern, den er nur von Fotos kannte. Ein Traum, der sich nie erfüllen sollte.

à conclure qu'il était l'invité de Louis. Louis était un hôte généreux. Il laissait Jimmy s'assoir sur son »trône«. Le »trône« était et est toujours une chaise vénitienne du XVIIIème siècle, balafrée et ternie par toutes les indiscrétions du chat et des chiens. Créé pour un aristocrate, tout de brocart et de dentelle, la délicate chaise semblait être offensée par l'intrusion des longues jambes en blue-jeans de Jimmy. C'était là, dans cette position inconfortable, la chaise craquant dangereusement sous lui, qu'il s'endormait avec Louis sur ses genoux. Tous les deux rêvaient ensemble. Jimmy rêvait peut-être à Fairmont dans l'Indiana et à la ferme qu'il aimait. Ou à l'ombre vague d'une mère dont il fut séparé très tôt. Ou encore, dans sa fréquente fantaisie,

Too often James Dean has been described as a meteor, a crazy mixed up kid, a Great Dane puppy and a poet. He was all of these and at the same time none. His laugh was a half-silent chuckle, as though exuberance embarrassed him. His enthusiasms ran through the spectrum of human interests: motorcycles, jazz, bullfighting, apple pie, plum preserves, cats and serious music. I knew little of his personal life. He was the least self-revealing being I ever met. But he had the austere good sense of a Quaker and the defense mechanism of a turtle. His carapace was his own private world. A world of Schoenberg and Bartok, the primitive African beat, racing cars and the writers he had recently discovered: Sartre, Genet, Malaparte, Saint Exupéry and Oscar Wilde. I never was sure whether his interest in them was intellectual pretense or really valid. But he did renounce Edgar Guest in their favour.

Allzu oft ist James Dean als Meteor beschrieben worden, als sonderbare Mischung aus Kind, Deutschem Doggenbaby und Poet. Er war all dies und war es wiederum nicht. Wenn er lachte, so lachte er halblaut in sich hinein, als wäre ihm jede Übertreibung peinlich. Er schwärmte für alles, was einen Menschen interessiert: Motorräder, Jazz, Stierkampf, Apfelkuchen, Pflaumenmarmelade, Katzen und ernste Musik. Von seinem Privatleben wußte ich fast nichts. Er war die verschlossenste Person, die ich je kennengelernt habe. Doch besaß er den scharfen Menschenverstand eines Quäkers und den Verteidigungsmechanismus einer Schildkröte. Sein Panzer war seine persönliche Welt. Die Welt von Schönberg und

il rêvait peut-être qu'il marchait le long du Boulevard Saint-Germain, cette rue qu'il ne connaissait que par des photographies. Un rêve qu'il ne réalisa jamais.

Trop souvent James Dean a été décrit comme étant un météore, un curieux mélange d'enfant, un bon gros toutou, ou encore un poète. Il était tout cela et rien de tout cela à la fois. Son rire était un rire étouffé, à demi silencieux, comme si l'exubérance le gênait. Ses enthousiasmes couvraient le spectre des points d'intérêt humains: les motos, le jazz, les courses de taureaux, la tarte aux pommes, les confitures de prunes, les chats et la musique sérieuse. Je ne savais presque rien de sa vie privée. Il était la personne la moins autorévélatrice que je n'ai jamais rencontrée. Mais il avait le bon sens austère d'un quaker et le mécanisme de défense d'une tortue. Sa carapace était son monde personnel. Le monde de Schoenberg et de Bartók, du son africain primitif, des

It may have been through his constant exposure to our eclectic tastes and the world we represented. Or, he may have been an embryo intellectual in the first stages of development. Then there was the generation gap. But the year was 1955 and people under thirty still trusted people over thirty. Nevertheless, the gap which might have been an uncrossable void, was solidly spanned by the abhorrence my husband and I had of the commonplace middle-class standards of our generation. We were, I suppose, by contrast to these other adults he had met, a visual

Bartók, afrikanischen Rhythmen, Rennwagen und Schriftstellern, die er vor kurzem entdeckt hatte: Sartre, Genet, Malaparte, Saint-Exupéry und Oscar Wilde. Ich war nicht sicher, ob sein Interesse an ihnen echt oder nur gespielt war. Jedenfalls verzichtete er ihnen zuliebe auf Edgar Guest. Das lag möglicherweise auch daran, daß er ständig unserem eklektischen Geschmack und der Welt ausgesetzt war, die wir repräsentierten. Mag sein, daß er ein intellektueller Embryo im ersten Stadium seiner Entwicklung war. Und dann war da der Graben zwischen den Generationen. Wir schrieben allerdings das Jahr 1955 und Leute unter dreißig trauten noch denen über dreißig. Wie dem auch sei, dieser Graben,

voitures de courses et des écrivains qu'il avait récemment découverts: Sartre, Genet, Malaparte, Saint-Exupéry et Oscar Wilde. Je n'étais pas certaine si l'intérêt qu'il leur portait était une prétention intellectuelle ou réellement fondé. Quoi qu'il en soit, il renia Edgar Guest en leur faveur. Cela est peut-être dû au fait qu'il ait été exposé constamment à nos goûts éclectiques et au monde que nous représentions. Ou peut-être était-il un embryon intellectuel aux premiers stades de son développement. Et puis il y avait le fossé des générations. Mais nous étions en 1955 et les moins de trente ans faisaient encore confiance aux plus de trente ans. Cependant, ce fossé qui aurait pu être un

lesson in bravado, the antitheses of those who chose passive resistance, who lived in small episodes rather than face insecurity and the inevitable threat of death. We were NOT the ideal parent image for Jimmy as some of his biographers insist. We were, in fact, his contemporaries, even sharing that dogma which is the birthright of youth which states that LIVING means DYING. **N**ow, as I listen to THE MIRACULOUS MANDARIN, a Bartok work, he wanted me to love as he did, I remember that terrible day of September 30th 1955 which ended my short friendship with James Dean. It was a highly concentrated relationship concise

der eine unüberwindliche Kluft hätte sein können, wurde überbrückt von der Abneigung, die mein Mann und ich gegen die gängigen Mittelklasseklischees unserer Generation hatten. Wir boten, so denke ich, im Gegensatz zu den anderen Erwachsenen, denen er begegnete, eine sichtbare Lektion in Trotzhaltung, die Antithese zu denjenigen, die den Weg des passiven Widerstands gewählt hatten und deren Leben in kleinen Schritten voranging, weil sie sich scheuten, der Unsicherheit und der unausweichlichen Bedrohung durch den Tod die Stirn zu bieten. Wir waren NICHT Jimmys Elternideal, wie einige seiner Biographen behaupteten. Wir waren

vide infranchissable était solidement enjambé par l'aversion que mon mari et moi-même avions pour les lieux communs types de notre génération. **N**ous étions, je présume, par opposition aux autres adultes qu'il avait rencontrés, une leçon visuelle de bravade, l'antithèse de ceux qui ont choisi la résistance passive, de ceux qui ont choisi de vivre par petites étapes plutôt que d'affronter l'insécurité et l'inévitable menace de la mort. Nous n'étions PAS l'image des parents idéaux pour Jimmy comme persistent à le dire certains de ses biographes. Nous étions en fait ses contemporains, partageant même ce dogme qui est le droit d'aînesse de la jeunesse,

and abridged. All essentials were omitted, especially social amenities. I refuse to be sentimental. I despise public memorials but I cannot deny the fact that James Dean became a legend. A 20th century Billy Budd. His legend began as all myths do, with a grass roots movement stemming from the naive refusal to accept the death of any hero as a finality. And so James Dean, now considered part human mortal and part divine God, was immortalized to a point just below canonization. The doubt of this hero's death was expanded into the belief that he is not dead at all but alive, disfigured

lediglich seine Zeitgenossen und teilten sogar jenes Dogma, welches das Vorrecht der Jugend ist und lautet: LEBEN heißt STERBEN. **N**un, wenn ich den WUNDERBAREN MANDARIN anhöre, jenes Werk von Bartók, das ich auf Jimmys Wunsch so lieben sollte wie er, erinnere ich mich an jenen schrecklichen 30. September 1955, der meiner kurzen Freundschaft mit James Dean ein Ende setzte. Es war eine sehr konzentrierte Beziehung, knapp und kurz. Alle wichtigen Dinge wurden ausgelassen, vor allem die üblichen Höflichkeiten. Ich weigere mich, sentimental zu sein. Mir sind

et qui affirme que VIVRE signifie MOURIR. **M**aintenant, quand j'écoute LE MANDARIN MIRACULEUX, une œuvre de Bartók, qu'il voulait que j'aime autant qu'il l'aimait lui-même, je me souviens de cet horrible journée du 30 septembre 1955 qui mit fin à ma courte amitié avec James Dean. Ce fut un rapport d'amitié fortement concentré, concis et abrégé. L'essentiel en avait été omis, et surtout les agréments sociaux. Je me refuse à être sentimentale. Je méprise les mémoires publiques mais je ne peux pas renier le fait que James Dean soit devenu une légende. Un Billy Budd du XXème siècle.

unrecognizable, lying helpless in a sanitarium somewhere in the Argentine. Or is it Bulgaria? Or that lamasery on a slope of the Himalayas? James Dean cultists sometimes reach the pinnacle of caricature. Like the two young women, members of a sect calling themselves »The Widows of James Dean«, who wrote to me from Berlin asking to be allowed to visit my house, to talk about HIM and to sit in HIS chair. Overwhelmed by curiosity, I agreed.

öffentliche Memoiren zuwider, doch kann ich nicht leugnen, daß James Dean zur Legende geworden ist. Ein Billy Budd des 20. Jahrhunderts. Seine Legende begann wie alle Mythen mit einer Bewegung, die unbeirrt an der naiven Weigerung festhielt, den Tod irgendeines Helden als endgültig zu akzeptieren. Auf diese Weise wird James Dean nun teils als sterbliches menschliches Wesen und teils als Gott angesehen. Er wurde für unsterblich erklärt, ja fast heiliggesprochen. Der Zweifel am Tod dieses Helden ging so weit, daß man glaubte, er sei gar nicht tot, sondern noch am Leben, entstellt, nicht wiederzuerkennen, hilflos untergebracht in einem

Sa legende commença comme tous les mythes, par un groupe d'action enraciné s'opposant au refus naïf d'accepter la mort d'aucun héro en tant que finalité. De cette façon, James Dean est maintenant considéré en partie comme un être humain mortel et en partie comme un Dieu divin. Il a été immortalisé, presque canonisé. Le doute de la mort de ce héro s'est étendu jusqu'au point de croire qu'il n'est pas mort du tout mais bien vivant, défiguré, méconnaissable, gisant impuissant dans une maison de repos quelque part en Argentine. Ou est-ce en Bulgarie? Ou dans cette lamaserie

They arrived a few weeks later dressed in unrelieved black, wearing wedding rings engraved with J.B.D. on their right hands, signifying the state of widowhood. They were in their early twenties, victims of post war traumas, recipients of a national guilt, and only school children during James Dean's explosive career. My first reaction to them was outrage; later it turned to compassion. I could almost hear Jimmy say, »They're spooky. They're sick in the head.« They were very sick in the head, for they kneeled in front of that Venetian chair incanting a petition. They were performing in a Black Mass, a synthetic orison, a ridiculous charade. And I was the sexton of this weird chapel. Quelle tristesse!

Sanatorium irgendwo in Argentinien. Oder war es Bulgarien? Oder in jenem Lamakloster auf den Abhängen des Himalaya? Der James-Dean-Kult erreicht bisweilen den Gipfel der Karikatur. So schrieben mir zwei junge Frauen aus Berlin, Mitglieder einer Sekte mit der Bezeichnung »Die Witwen von James Dean« und fragten an, ob sie mein Haus besuchen dürften, um über IHN zu sprechen und sich in SEINEN Stuhl zu setzen. Aus reiner Neugier sagte ich zu. Sie kamen einige Wochen

sur les pentes de l'Himalayas? Les admirateurs de James Dean atteignent parfois le pinacle de la caricature. Comme ces deux jeunes femmes, membres d'une secte s'appelant »Les Veuves De James Dean,« qui m'écrivirent de Berlin pour me demander la permission de visiter ma maison, pour parler de LUI et pour s'assoir dans SA chaise. Tenue par la curiosité, j'acceptai. Elles arrivèrent quelques semaines plus tard, toutes de noir vêtues, portant à la main droite une alliance aux initiales

Phenomena or not, James Dean became the adolescent's mythological hero. Here was the representation of all the loneliness, the frustrations and the fears of youth. Chronologically, James Dean had long passed the age of adolescence (he was twenty-four when he died) but his screen images created a symbol for the real adolescent, a prototype which made it easier for him to rationalize his own misunderstood behavior. Again the adolescents chose to show their attitude toward society by emulating his mode of dress: blue jeans, leather jacket, unbuttoned

später, ganz in Schwarz gekleidet und trugen an der rechten Hand Trauringe mit den Initialen J.B.D. zum Zeichen ihrer Witwenschaft. Sie waren nicht viel älter als Zwanzig, Opfer des Nachkriegstraumas und mit einer nationalen Schuld belastet. Während James Dean seine Blitzkarriere machte, gingen sie noch zur Schule. Meine erste Reaktion war Zorn, der sich jedoch später in Mitleid verwandelte. Ich konnte Jimmy beinahe sagen hören: »Sie sind gespenstisch. Sie sind krank im Kopf« Sie waren sogar sehr krank im Kopf, denn sie knieten vor dem venezianischen Stuhl nieder und begannen Beschwörungsformeln zu sprechen. Sie hielten eine Schwarze Messe ab, ein künstliches Gebet, eine lächerliche Scharade. Und ich war der Kirchendiener bei diesem seltsamen Gottesdienst. Welche Tristesse!

de J.B.D. en signe de veuvage. **E**lles avaient à peine plus de vingt ans. Elles étaient victimes des traumatismes d'après-guerre, contenant un sentiment de culpabilité nationale. Elles n'étaient que des écolières lors de la carrière foudroyante de James Dean. Ma première réaction fut celle de l'outrage, mais se transforma plus tard en compassion. Je pouvais presque entendre Jimmy dire: »Elles sont effrayantes. Elles sont malades de la tête« Elles étaient même très malades de la tête, car elles s'agenouillèrent en face de la chaise vénitienne récitant une prière incantatoire. Elles étaient en train d'exécuter une Messe Noire, une oraison synthétique, une absurde charade. Et c'était moi le Sacristain de cette étrange chapelle. Quelle tristesse!

shirts and boots. The costume became the slogan, even a weapon for a mass resistance against the bureaucratic conventions of the adult world. May I say that James Dean wore these clothes because he liked them and knew he looked well in them. There was no social significance to this choice at all. Perhaps the most perfect analysis of the struggle of the human child to assert himself as he breaks through the shell of his babyhood, was contained in an article in the Paris publication, »ARTS«.

Phänomen oder nicht, James Dean wurde der sagenumwobene Held der Jugend. Er war die Personifizierung der Einsamkeit, Frustration und Ängste der Jugend. Rein rechnerisch gesehen hatte James Dean das Jugendalter längst überschritten (bei seinem Tod war er 24), doch stellte sein Leinwandbild ein Symbol für den wirklichen Jugendlichen dar, einen Prototyp, der es diesem erleichterte, sein eigenes mißverstandenes Verhalten rational zu fassen. Die Jugendlichen begannen wieder, ihre Einstellung zur Gesellschaft zu zeigen, indem sie seinen Stil kopierten: Blue jeans, Lederjacke, halboffenes Hemd und Stiefel. Diese Kleidung wurde zum Slogan, ja zur Waffe für den Widerstand der Masse gegen die bürokratischen Konventionen der Erwachsenenwelt. Ich möchte aber anmerken, daß James Dean diese Kleidung trug, weil sie ihm gefiel und ihm gut stand. Seine Wahl hatte keinerlei gesellschaftliche Bedeutung.

Phénomène ou pas, James Dean devint le héro mythologique de l'adolescent. Il représentait toute la solitude, toutes les frustrations et toutes les craintes de la jeunesse. Du point de vue chronologique, James Dean avait depuis longtemps dépassé le cap de l'adolescence (Il avait quand-même vingt-quatre ans), mais son image à l'écran a créé un symbole pour le vrai adolescent, un prototype qui l'aida à rationaliser son propre comportement mal compris. A nouveau, les adolescents ont choisi d'affirmer leur attitude envers la société en copiant la façon qu'il avait de s'habiller: blue-jeans, veste en cuir, chemise entrouverte et bottines. Ce costume devint le slogan, mieux encore, une arme en faveur de la résistance de masse pour lutter contre les conventions bureaucratiques du monde de l'adulte. Je me permettrais de préciser que James Dean portait ces vêtements parce qu'il les aimait bien et

»In James Dean, today's youth discovers itself. Less for the reasons usually advanced: violence, sadism, hysteria, pessimism, cruelty and filth than for others, more simple and commonplace: modesty of feeling, continual fantasy life, moral purity without relation to everyday morality (but all the more rigorous), the eternal adolescent love of tests and trials, intoxication, pride and regret at feeling oneself outside of society, refusal and desire to become entegrated and finally, acceptance or refusal of the world as it is.« These incredible prophetic words were written in 1956 by François Truffaut.

Die vielleicht beste Analyse des Kindes, das um seine Selbstbehauptung kämpft, nachdem es gerade aus der Schale des Babyalters geschlüpft ist, kann man in einem Artikel der Pariser Zeitschrift »ARTS« nachlesen. »In James Dean findet sich die heutige Jugend wieder, weniger aus den stets genannten Gründen Gewalt, Sadismus, Hysterie, Pessimismus und Brutalität als aus anderen, unendlich einfacheren und alltäglicheren: Aufrichtigkeit der Gefühle, ungebrochene Phantasie, Lauterkeit der Moral, die nichts mit der gängigen Moral zu tun hat, sondern viel strenger ist, die ewige Lust der Jugend an Kraftproben, am Rausch, Stolz und Bedauern bei dem Gedanken, ›außerhalb‹ der Gesellschaft zu stehen; Weigerung und Wunsch, sich zu integrieren und schließlich Annahme oder Ablehnung der Welt, wie sie ist.« Diese unglaublich prophetischen Worte schrieb François Truffaut 1956.

parce qu'il savait qu'ils lui allaient bien. Il n'y avait aucune signification sociale dans ce choix. **P**eut-être la plus parfaite analyse de l'enfant luttant pour s'affirmer par lui-même alors qu'il sort à peine de la coquille de la première enfance, est contenue dans un article d'une publication parisienne de la revue »ARTS«. »Dans James Dean, la jeunesse actuelle se retrouve toute entière, moins pour les raisons que l'on dit: violence, sadisme, frénésie, noirceur pessimisme et cruauté que pour d'autres, infiniment plus simples et quotidiennes: pudeur des sentiments, fantaisie de tous les instants, pureté morale sans rapport avec la morale courante mais plus rigoureuse, goût éternel de l'adolescence pour l'épreuve, l'ivresse, orgueil et regret de se sentir »en dehors« de la société, refus et désir de s'y intégrer, finalement, acceptation ou refus du monde tel qu'il est.« Ces paroles incroyablement prophétiques furent écrites en 1956 par François Truffaut.

61

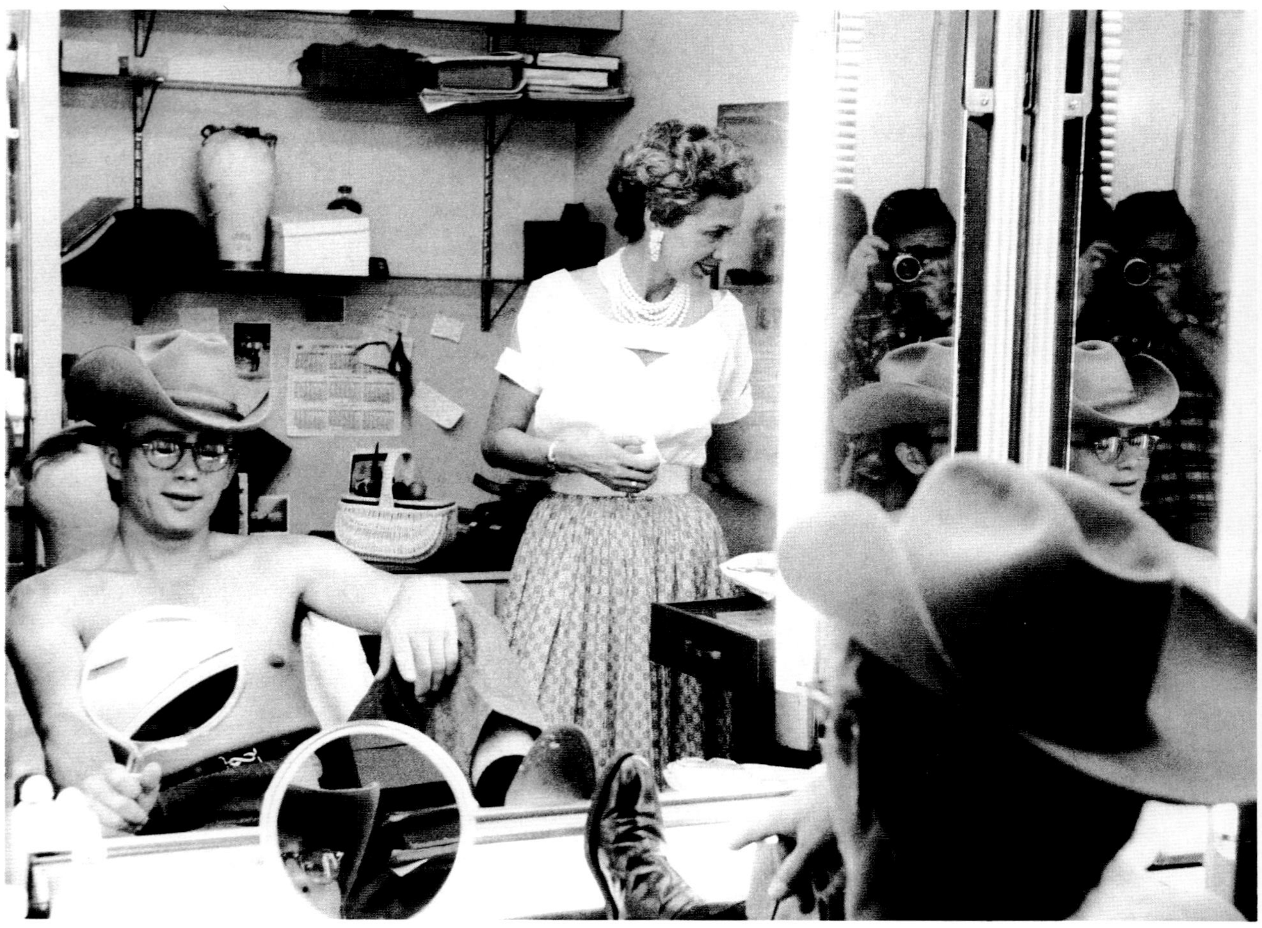

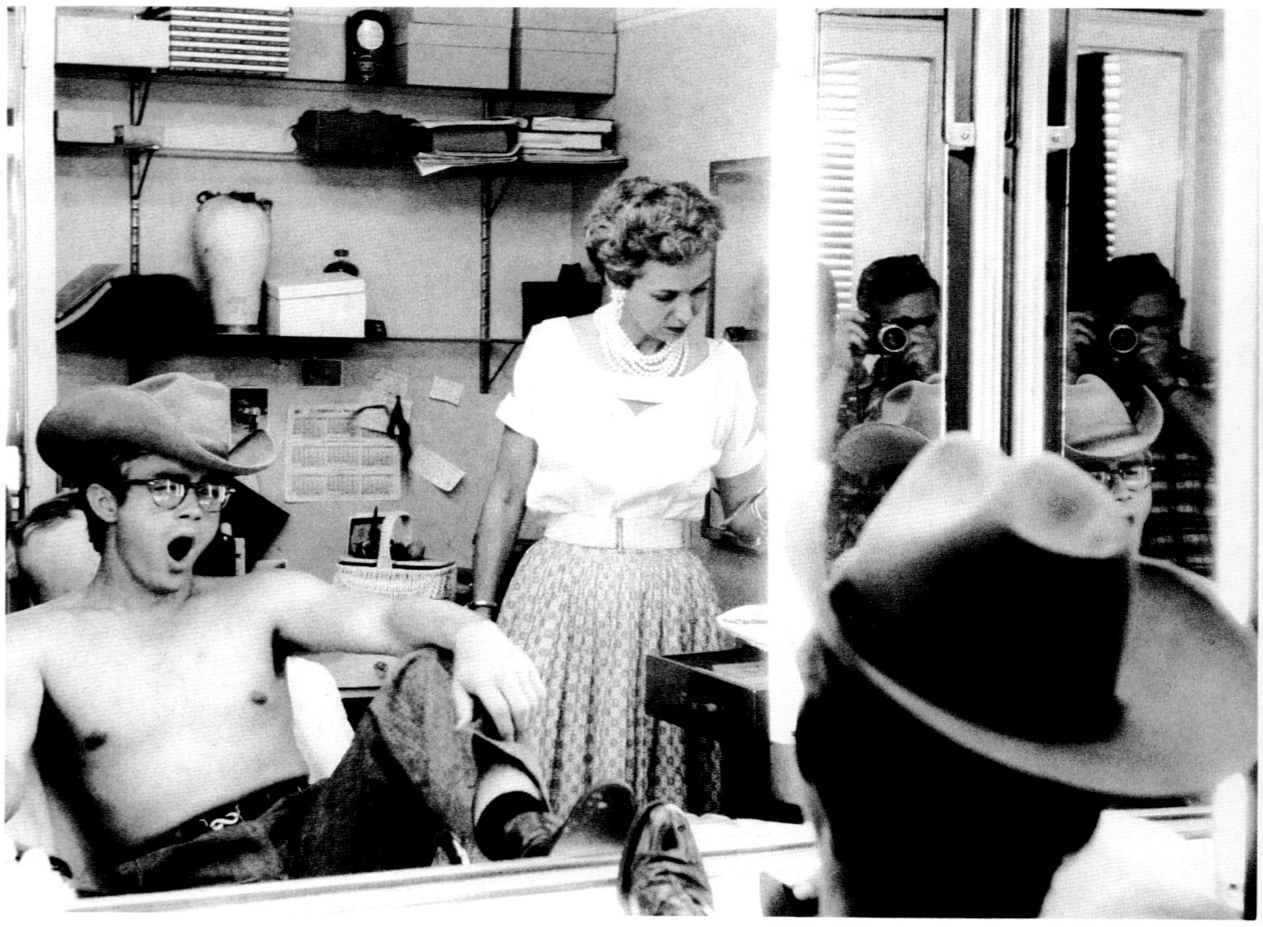

63

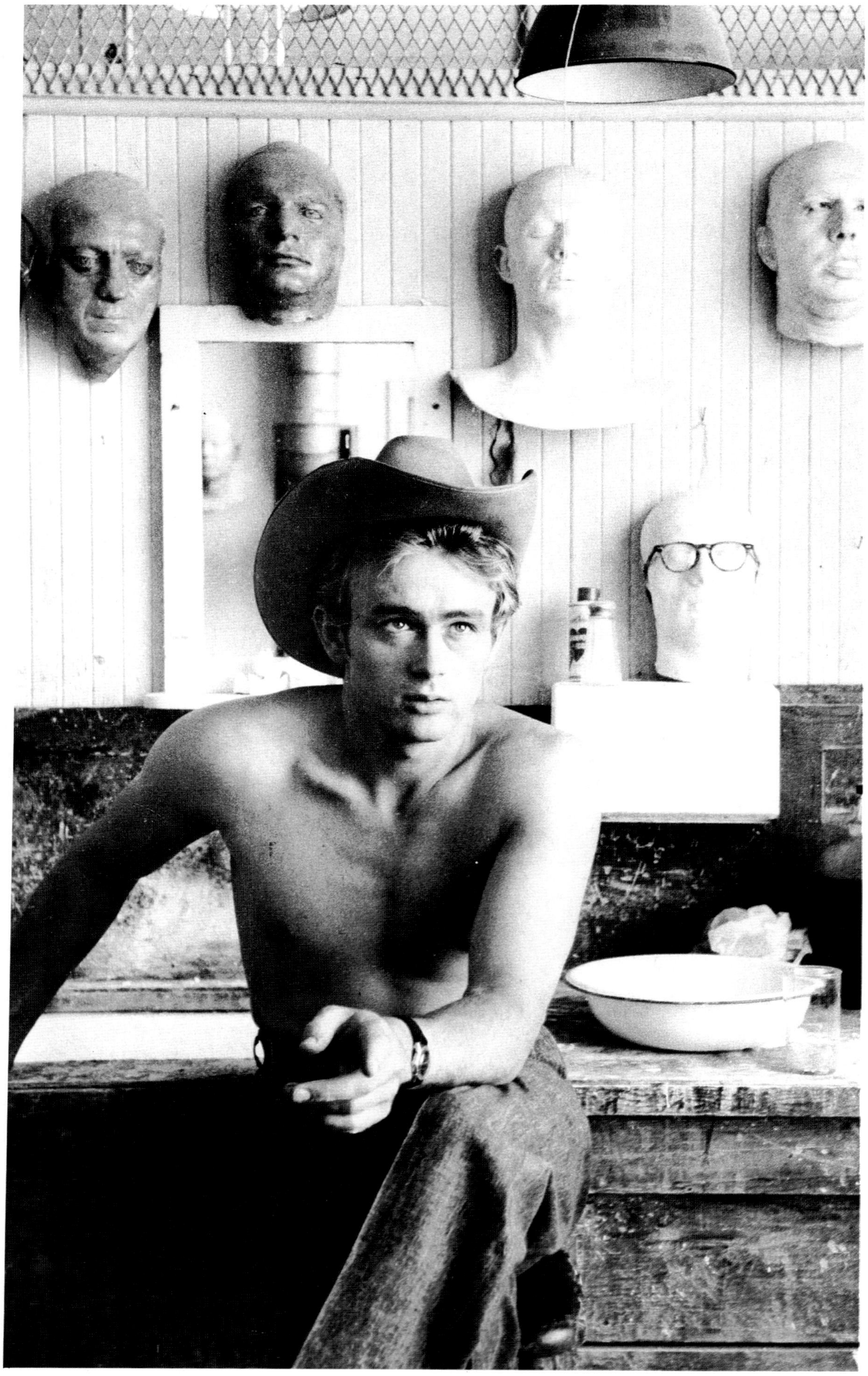

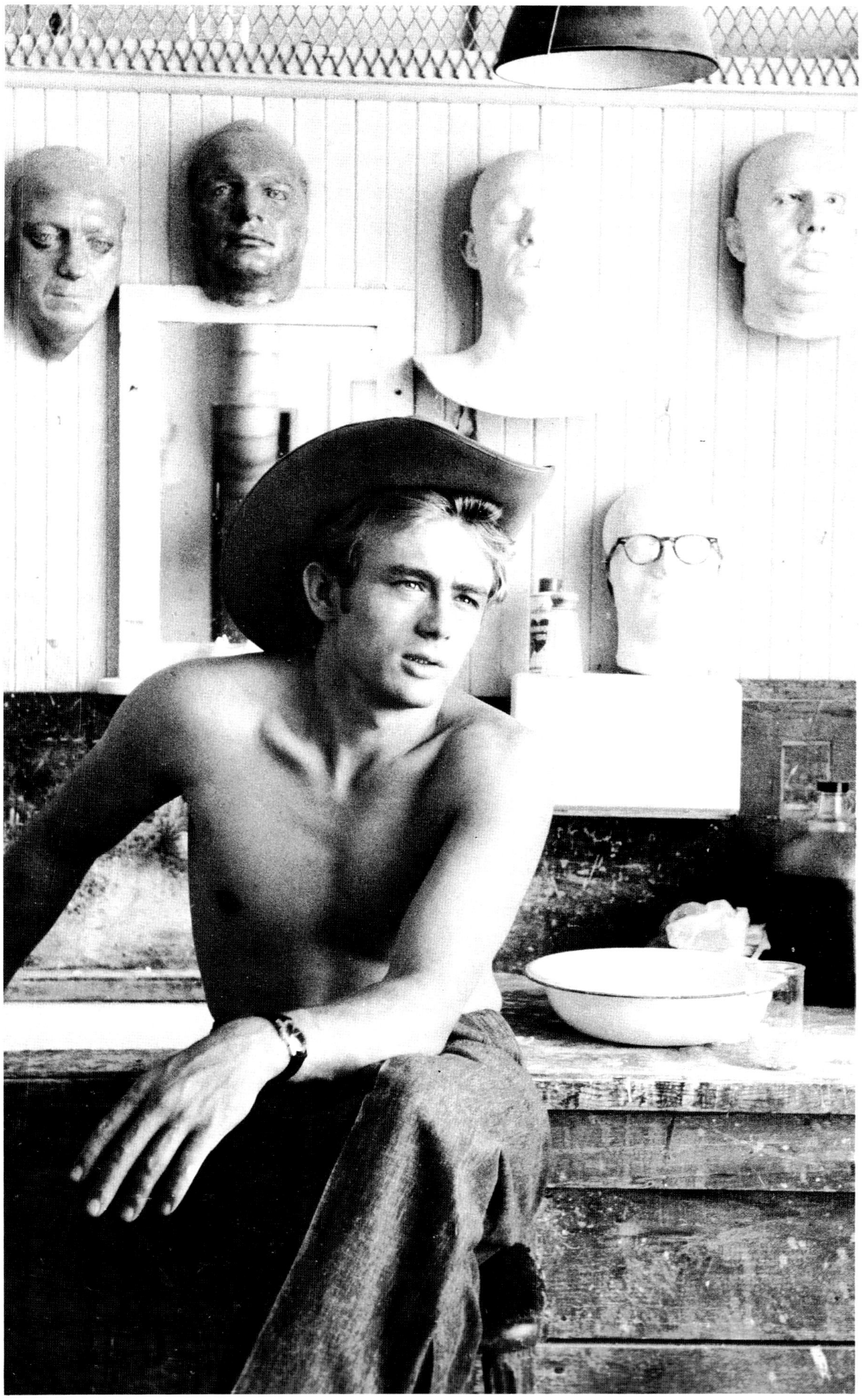

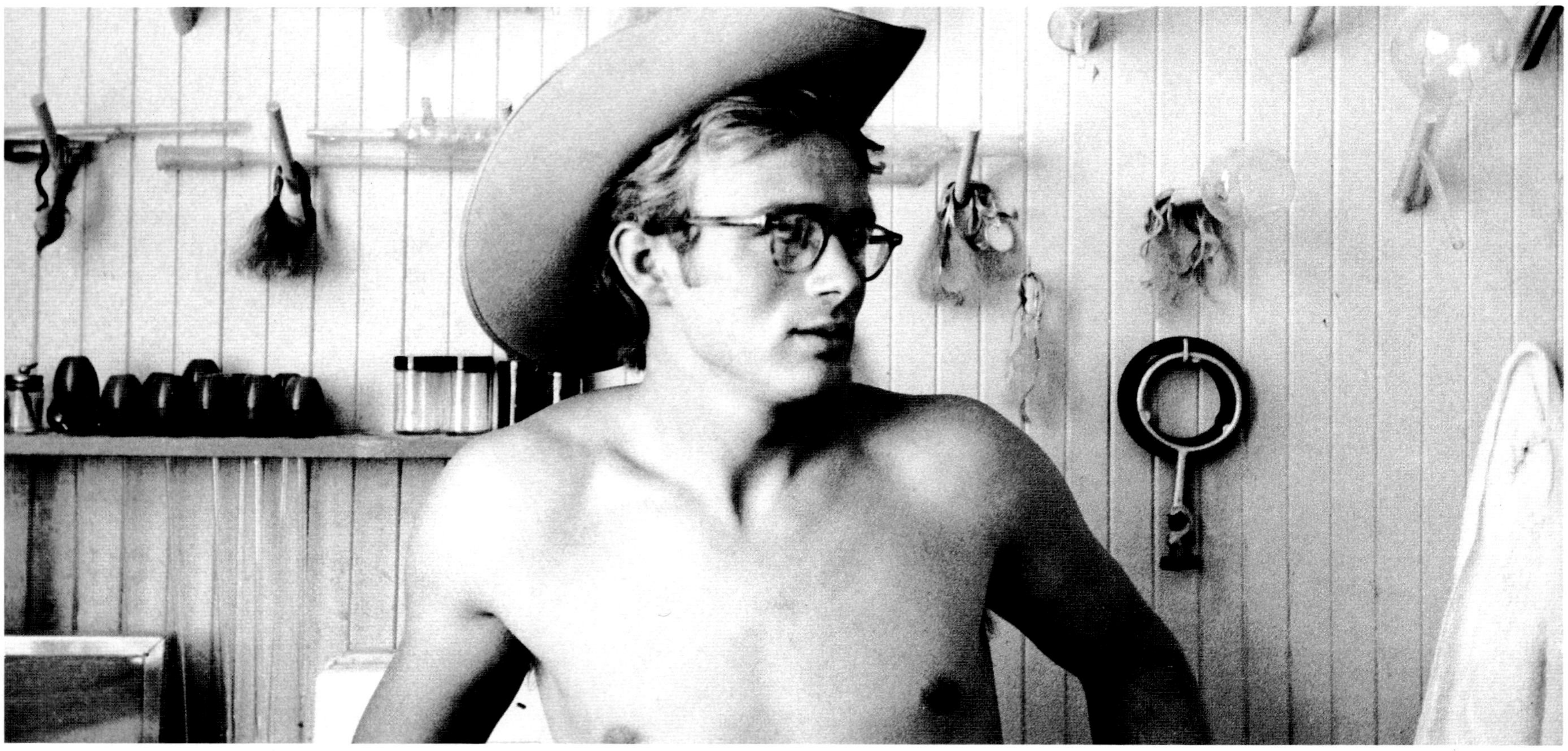

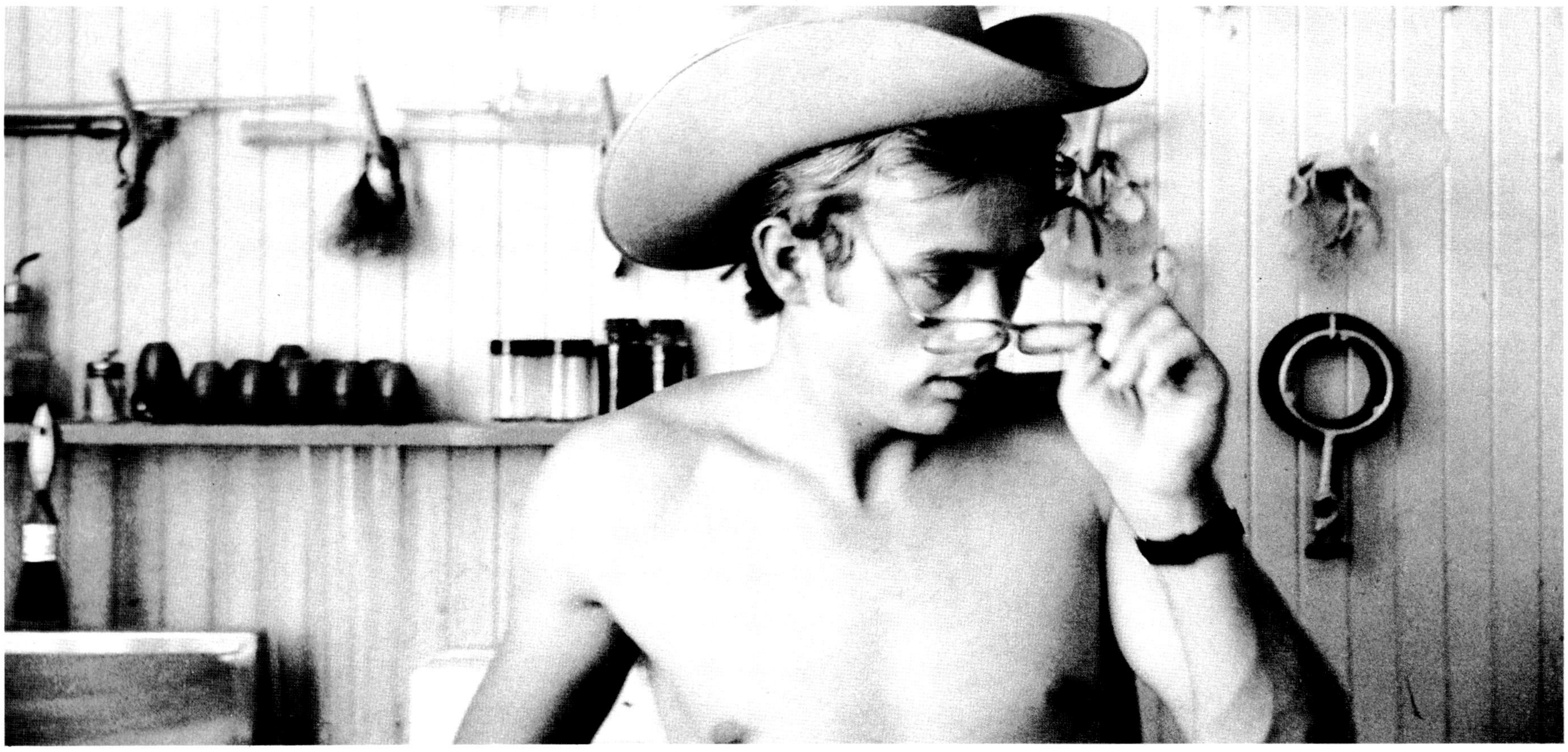

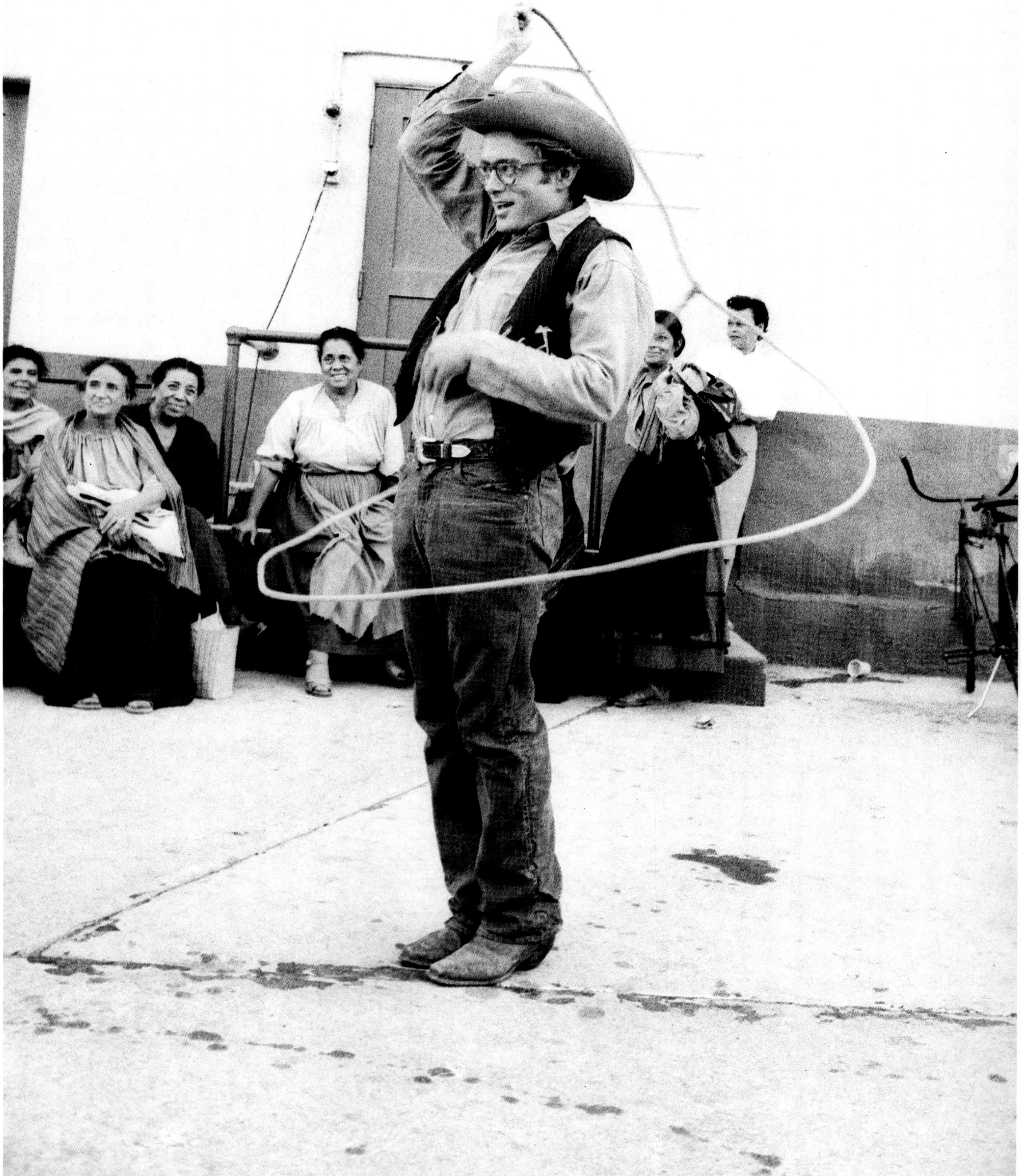

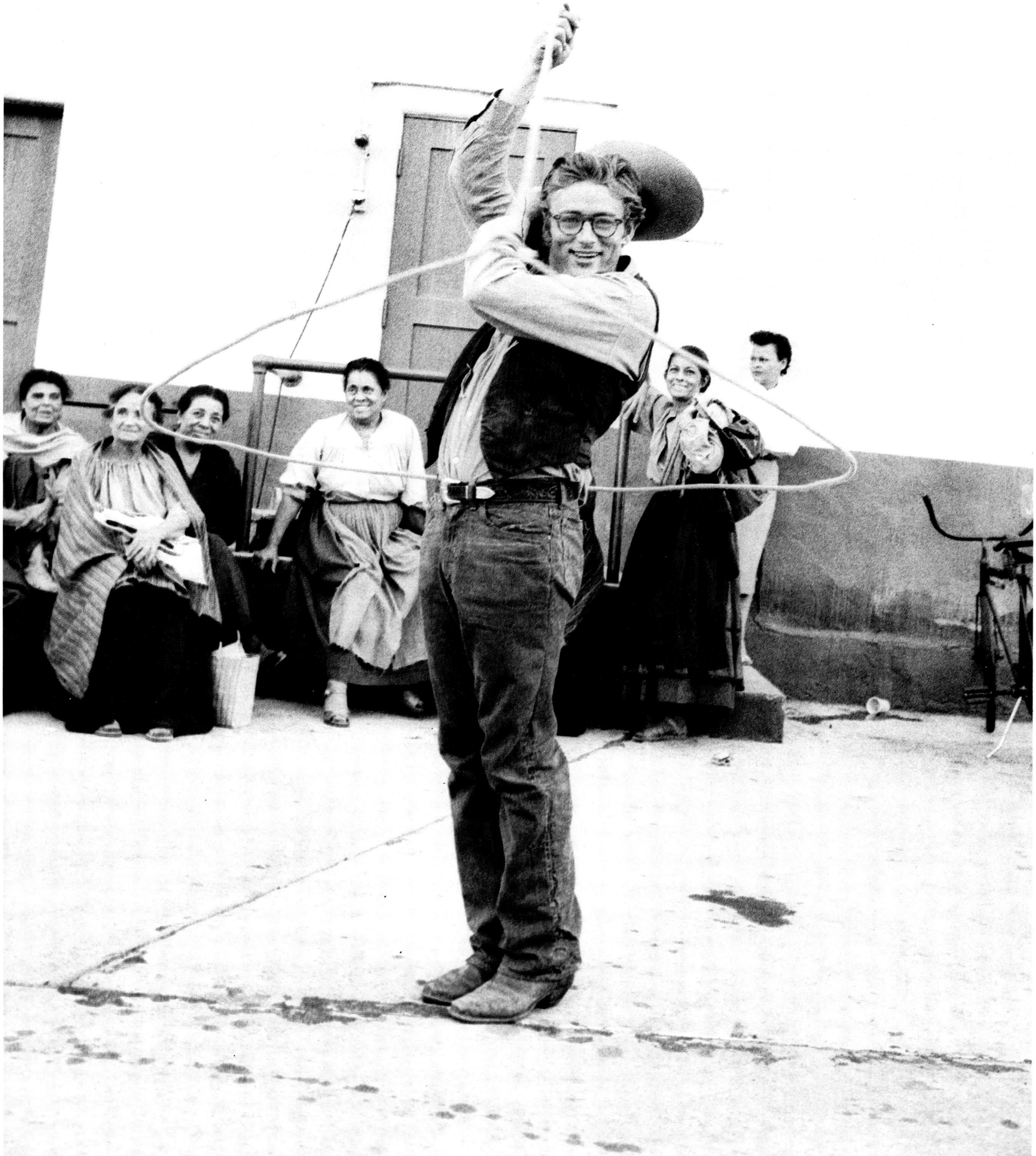

70

THE CLIP JOINT
AMERICA'S SMARTEST
POODLE SALON
420
POODLE
PUPPIES
For Sale

THE CLIP JOINT
AMERICA'S SMARTEST
POODLE SALON
420
POODLE
PUPPIES
For Sale

THE CLIP JOINT
AMERICA'S SMARTEST
POODLE SALON
420
POODLE
PUPPIES
For Sale

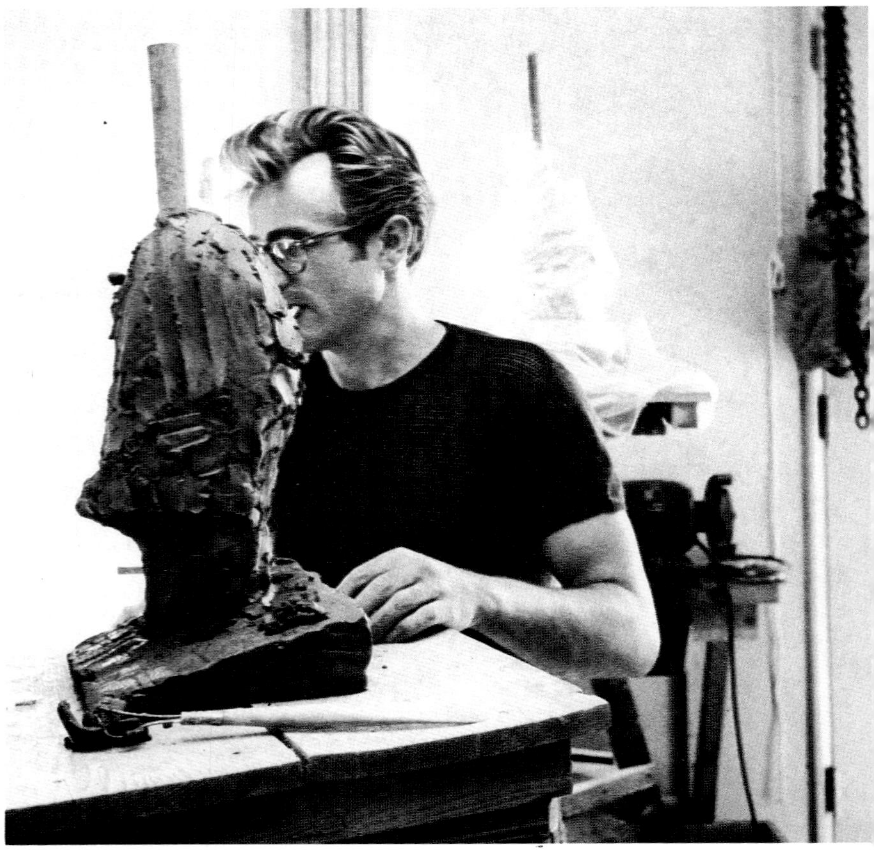

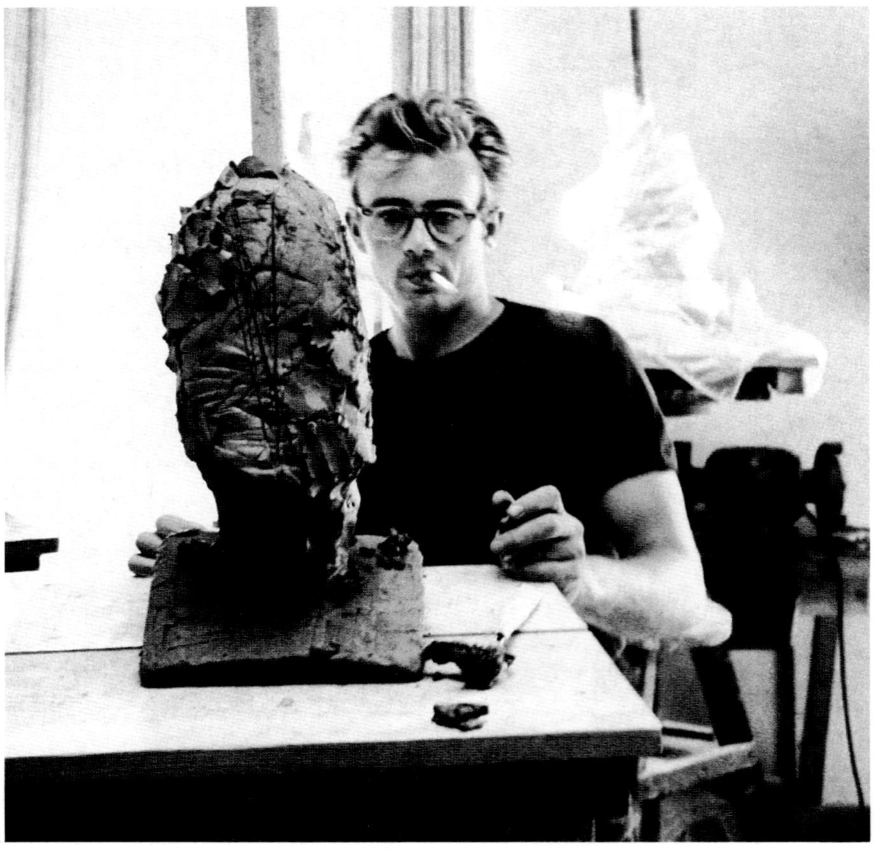

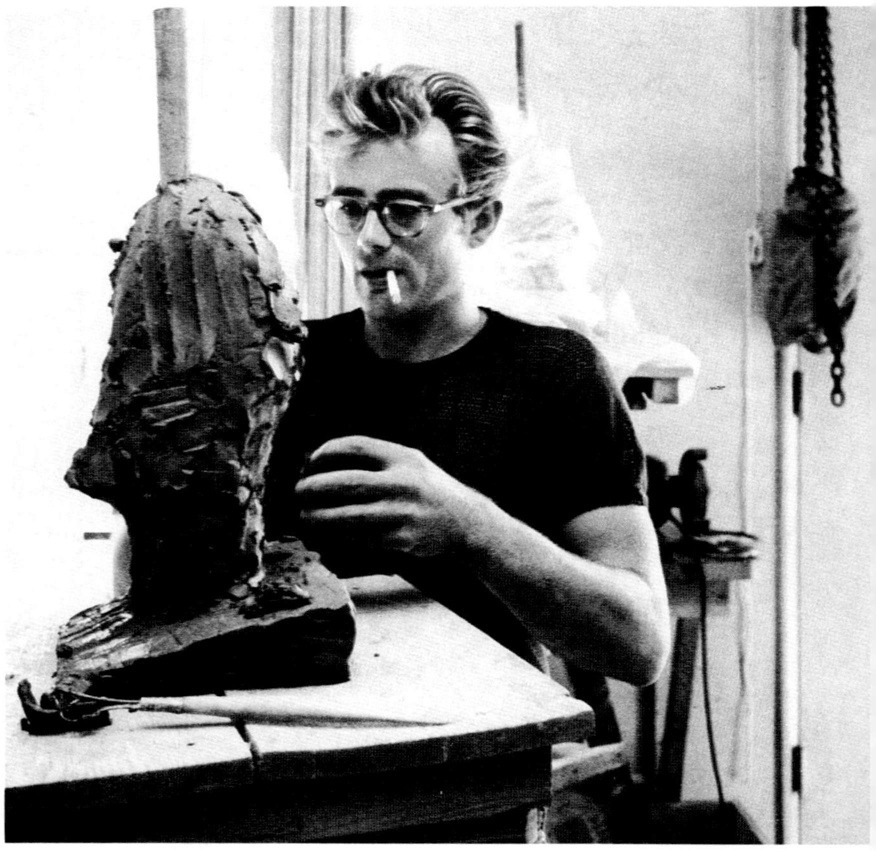

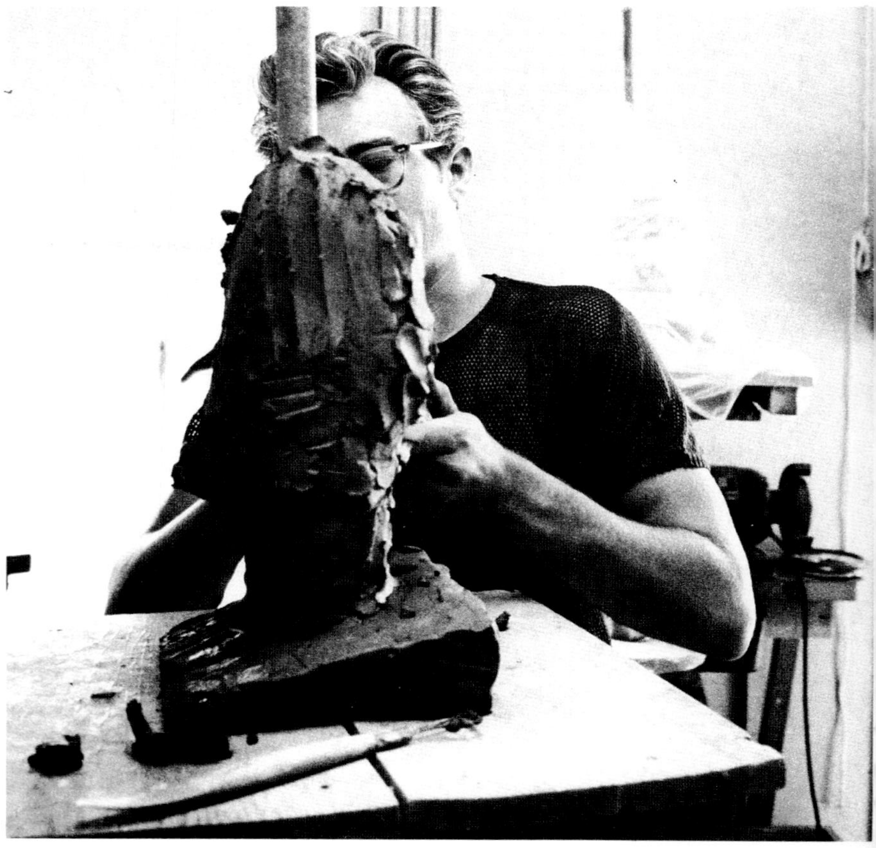

73

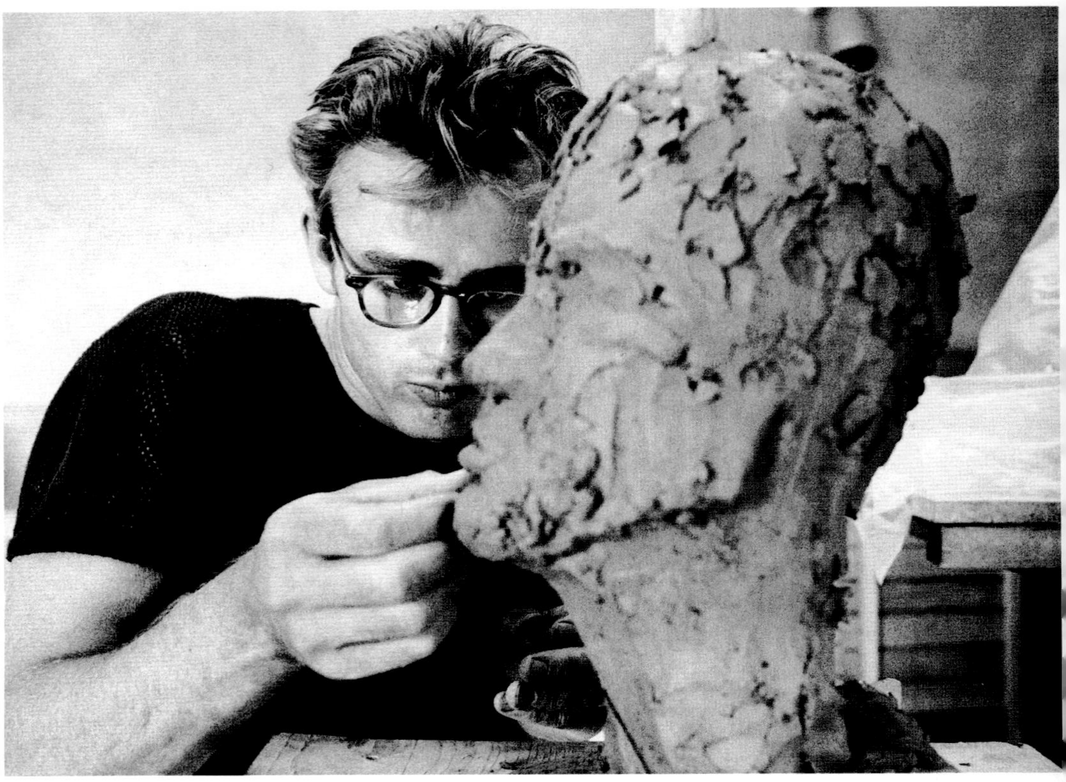

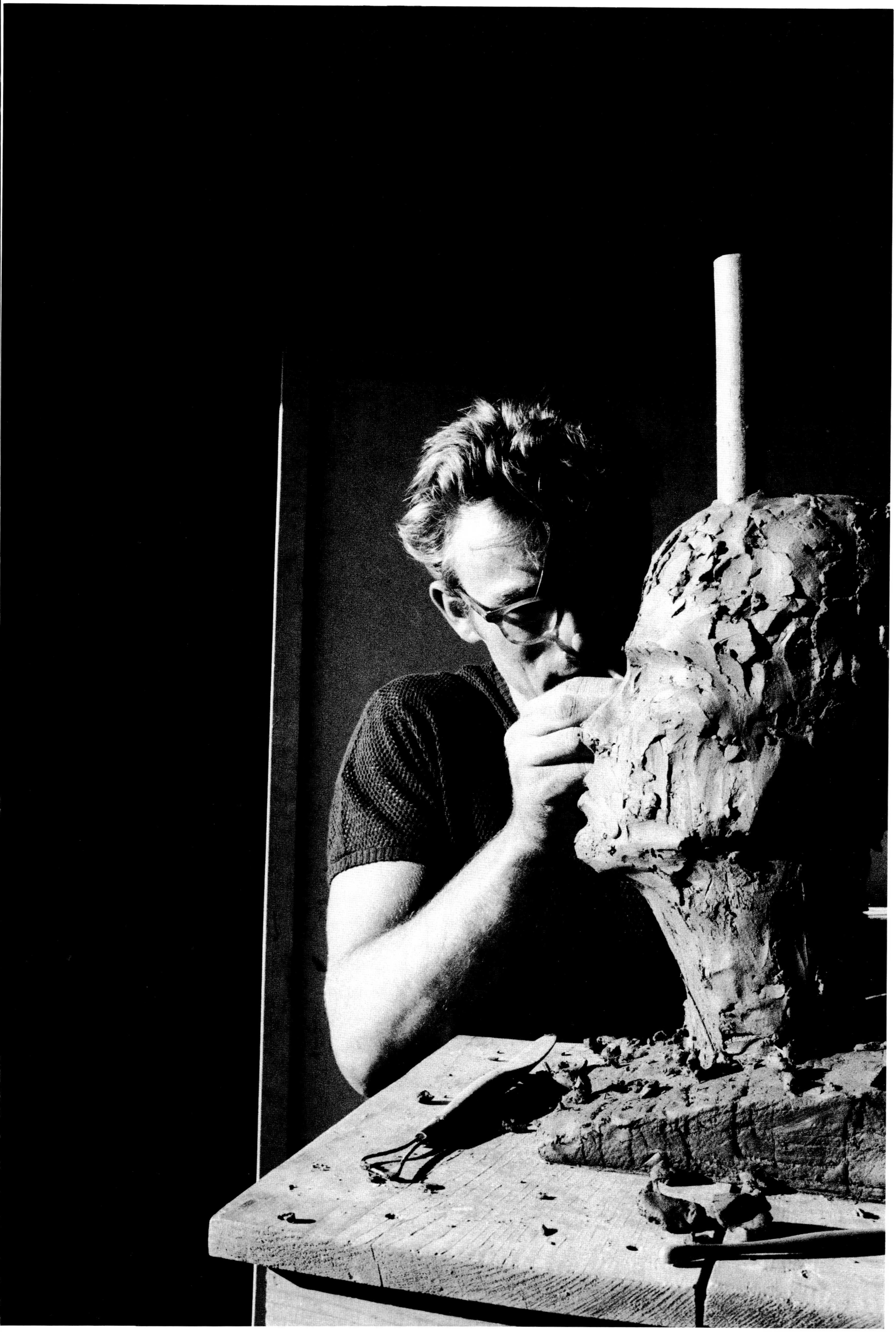

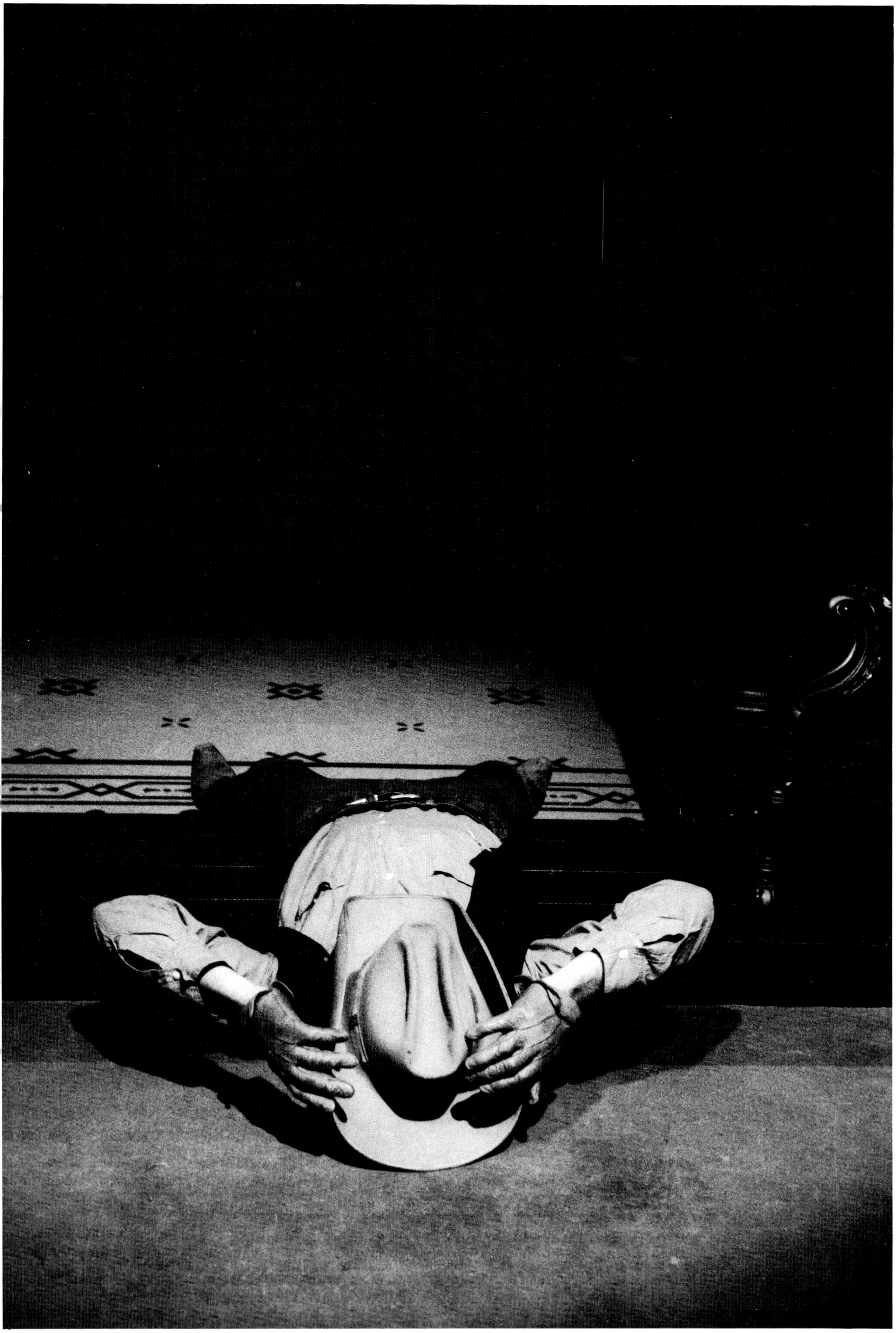

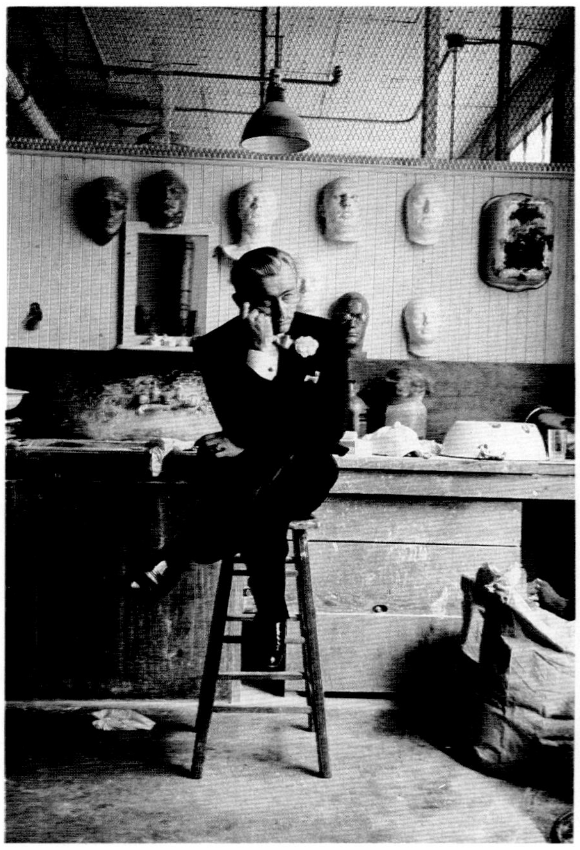
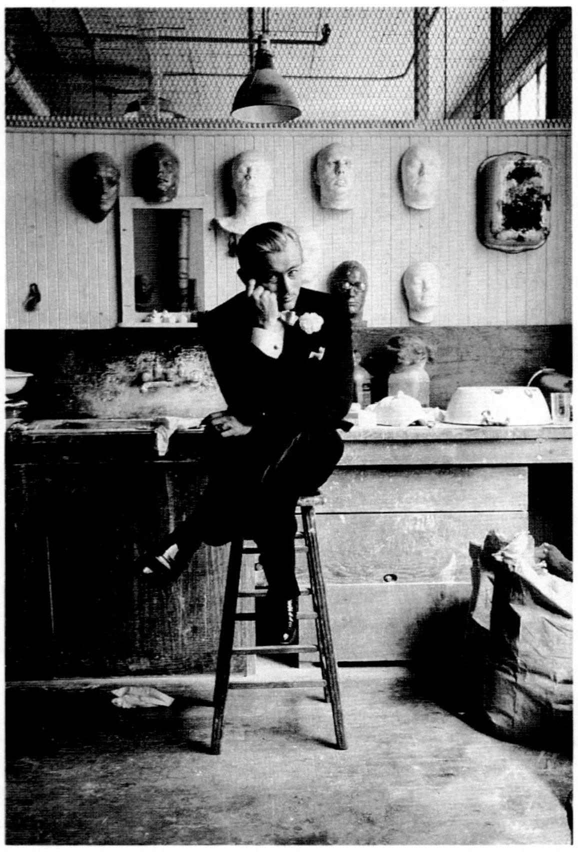
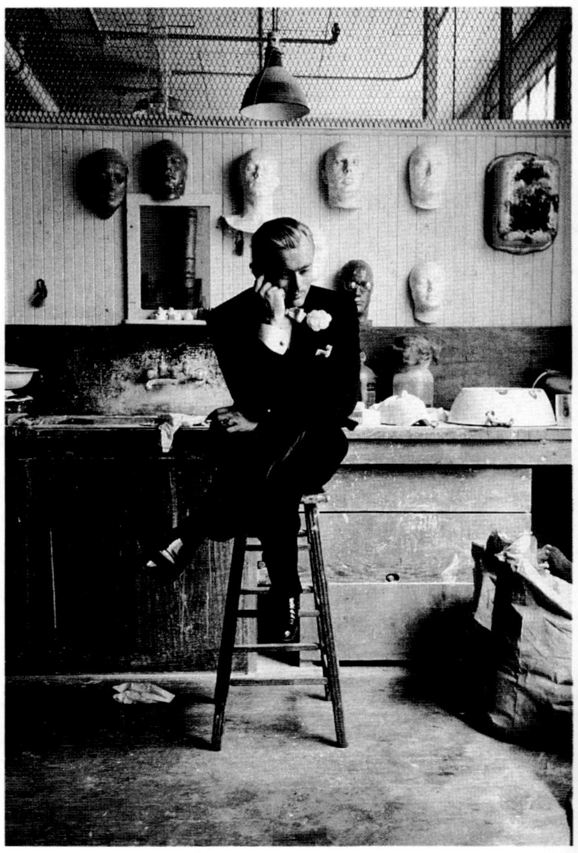

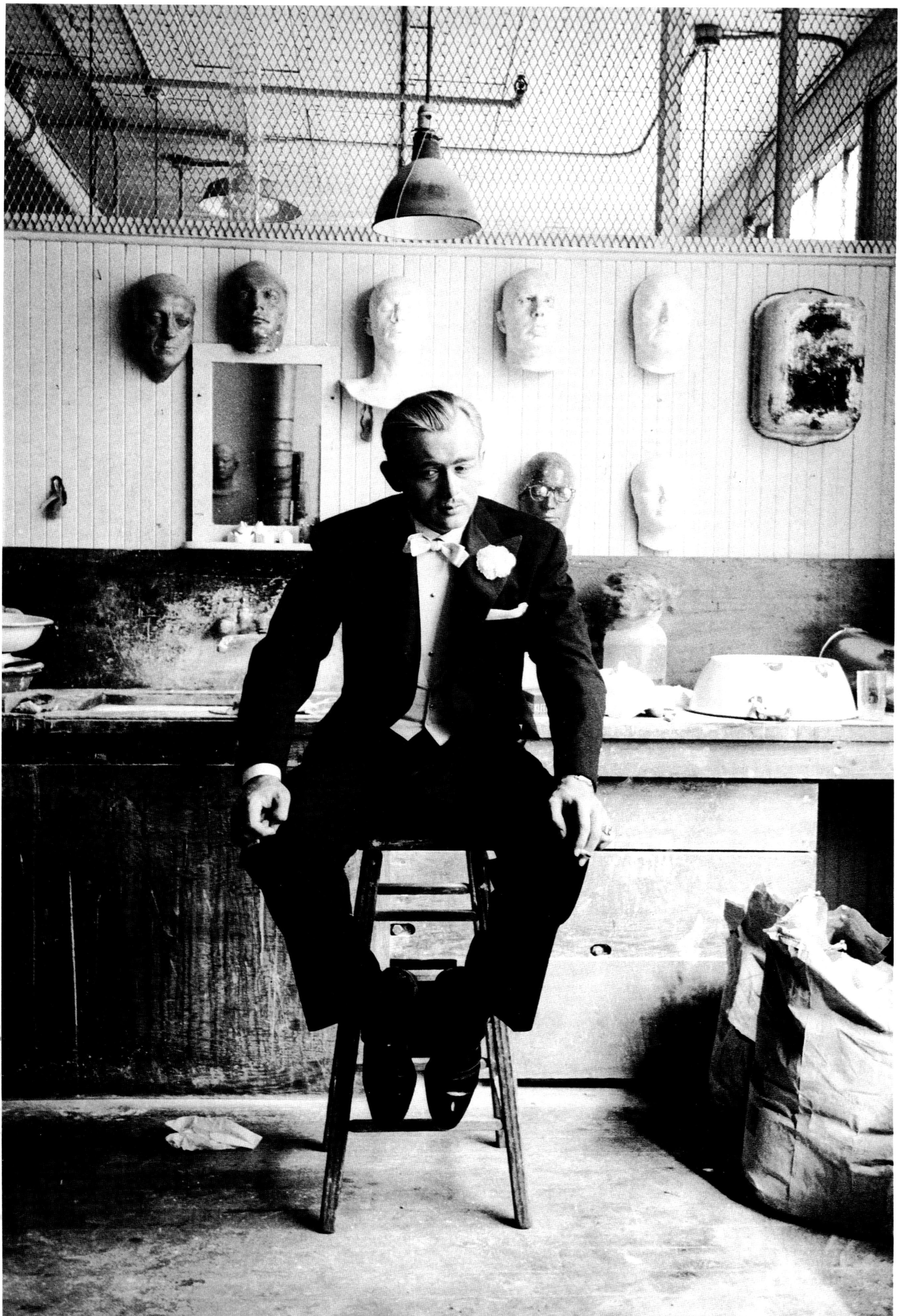

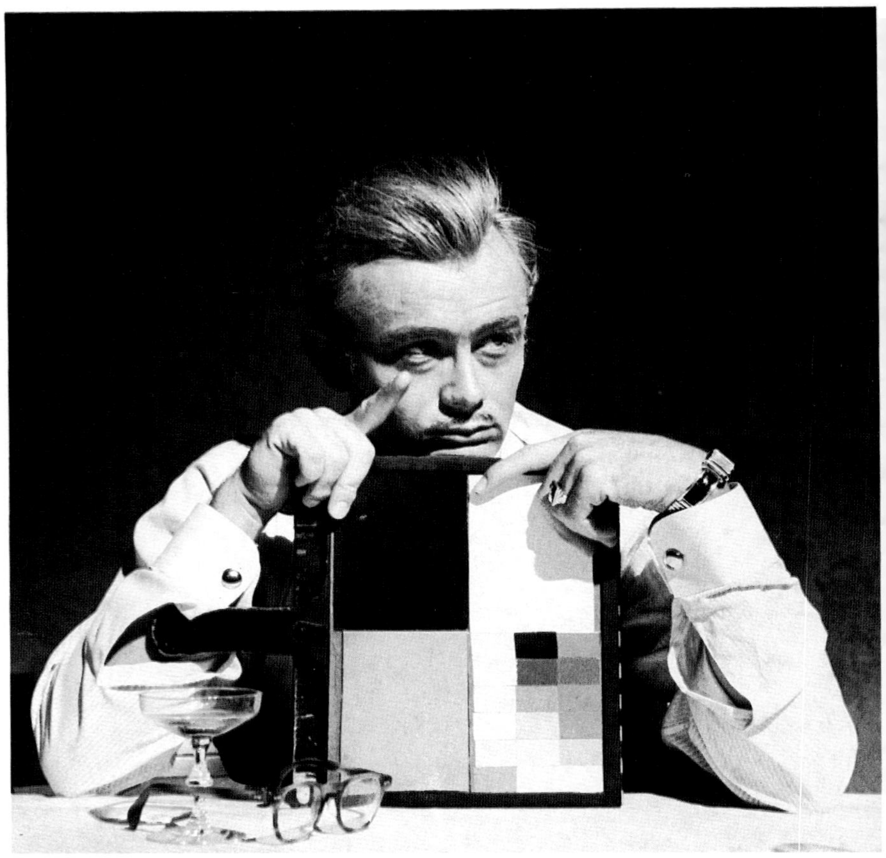

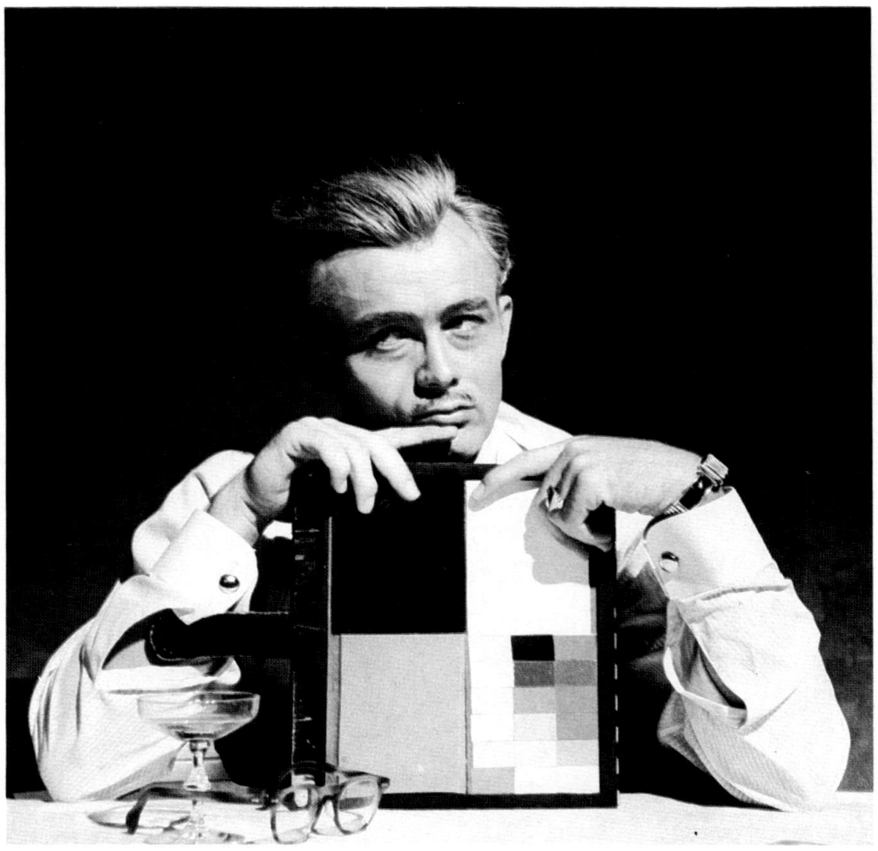

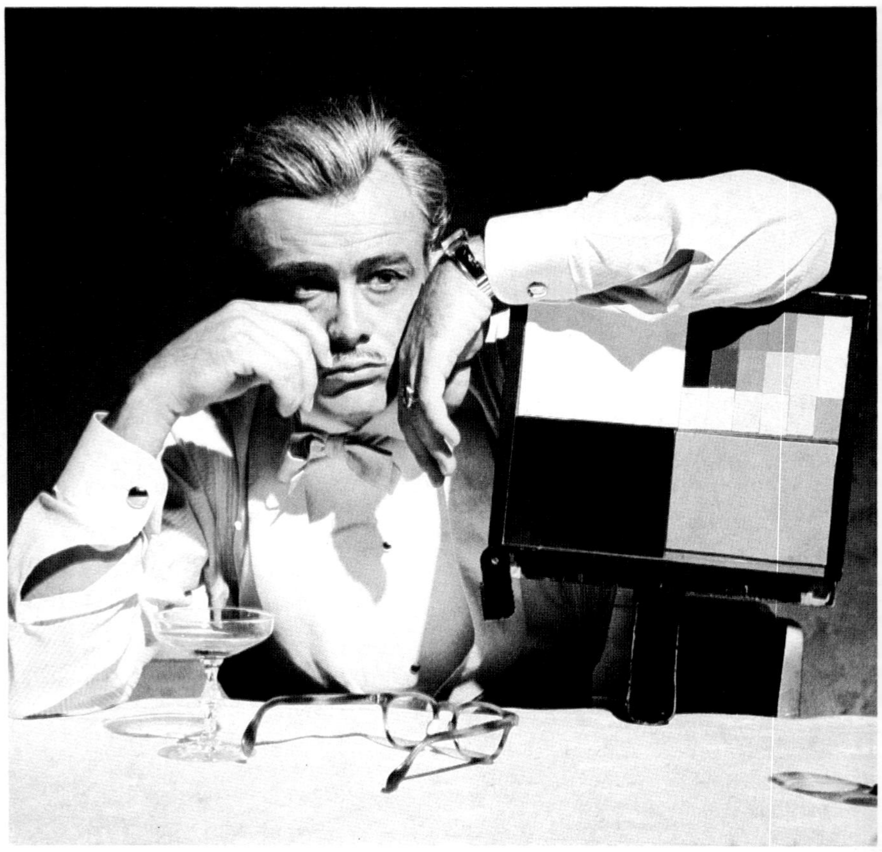

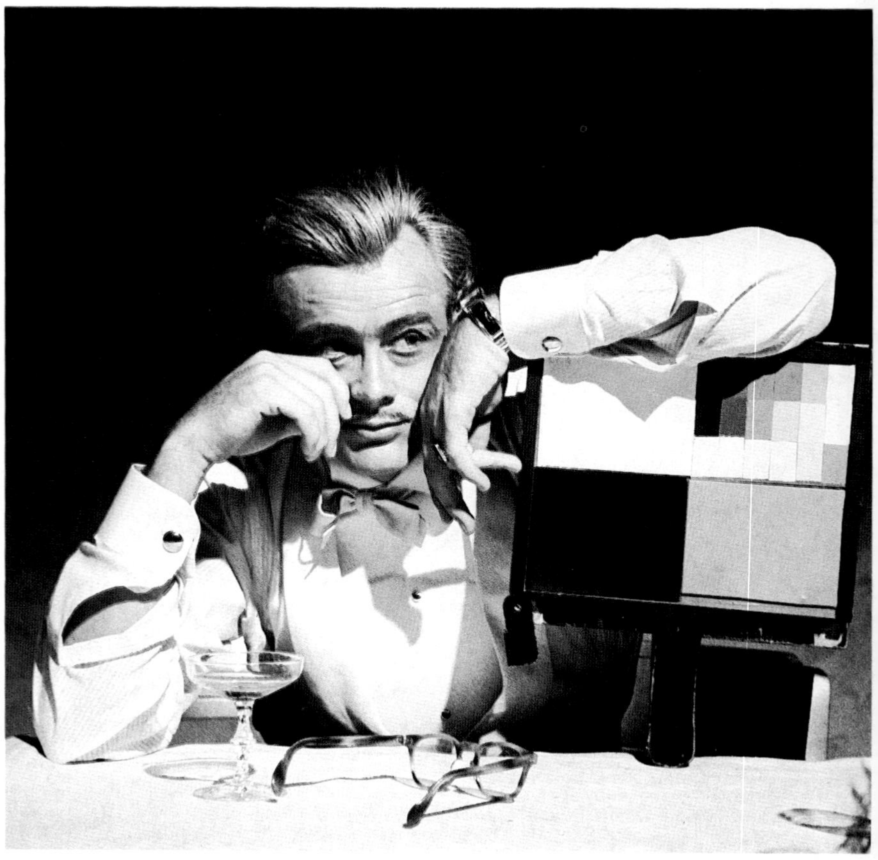

81

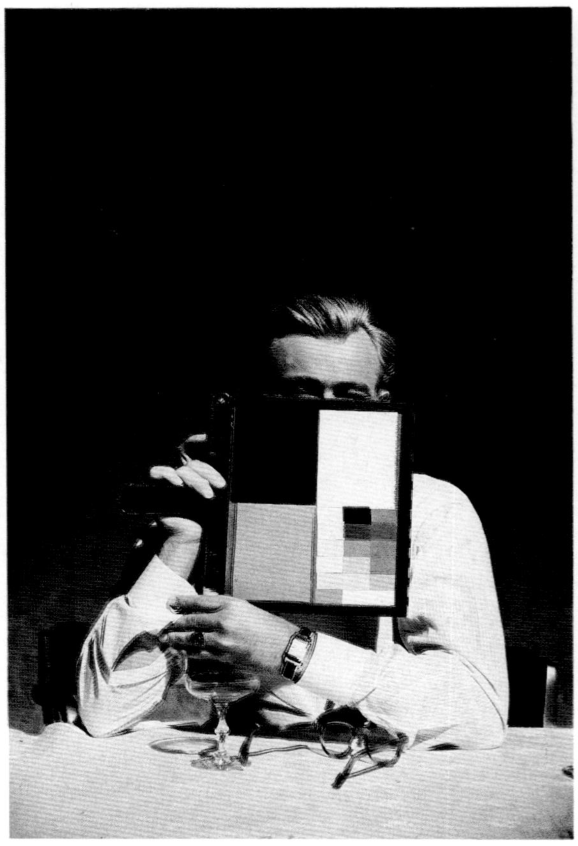
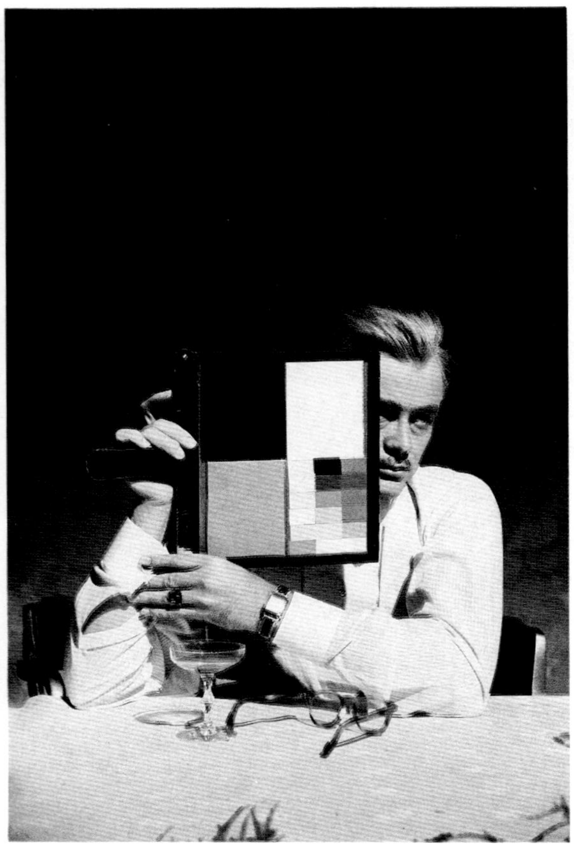
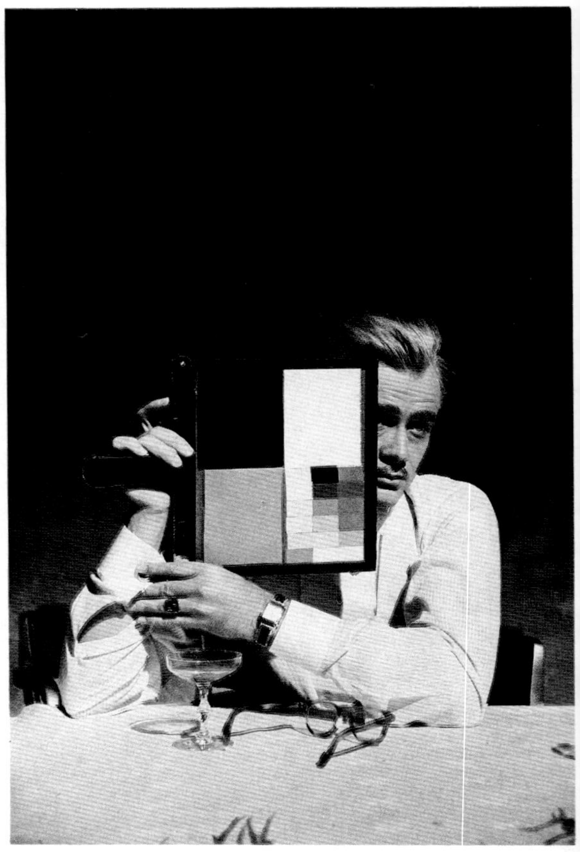

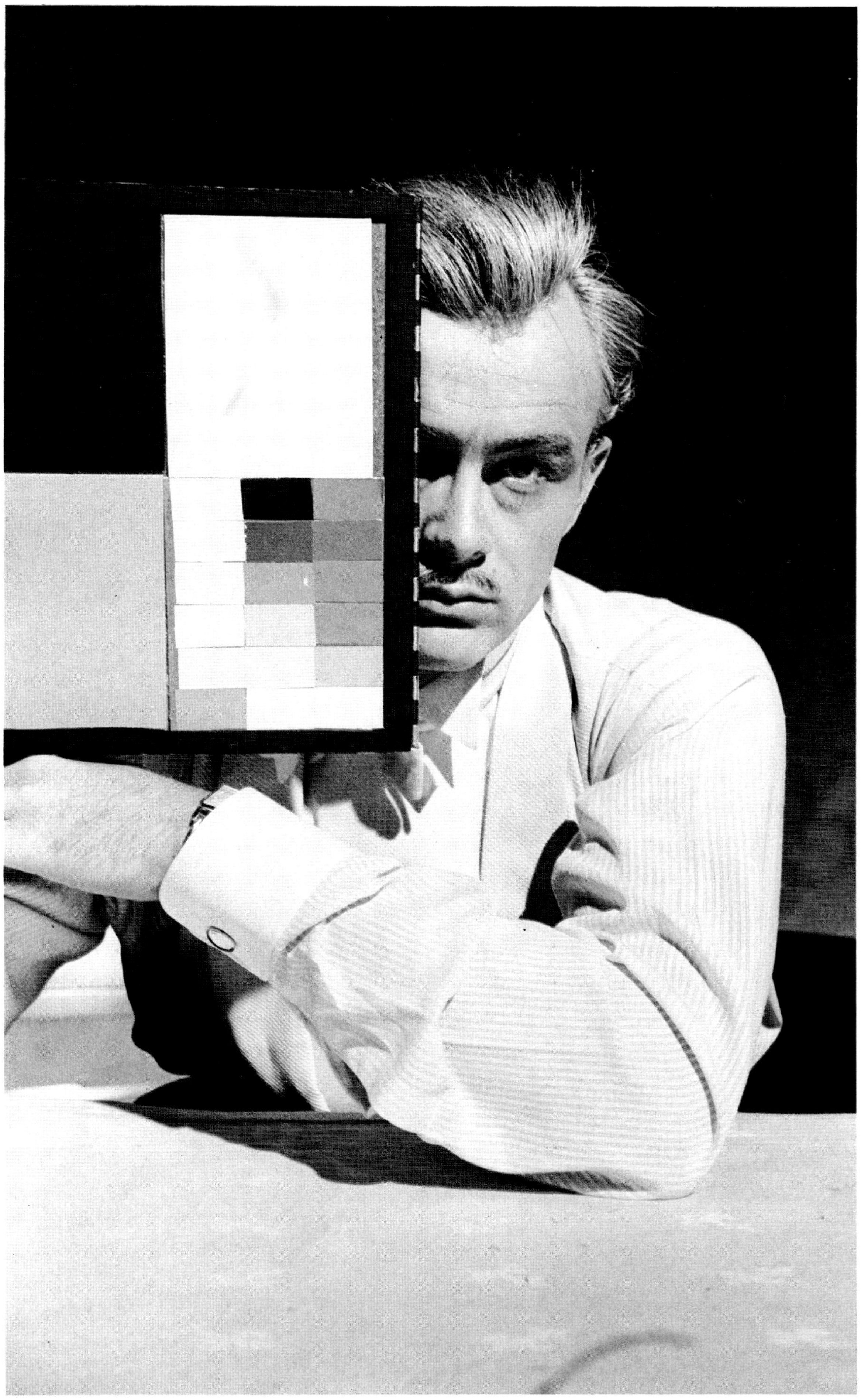

84

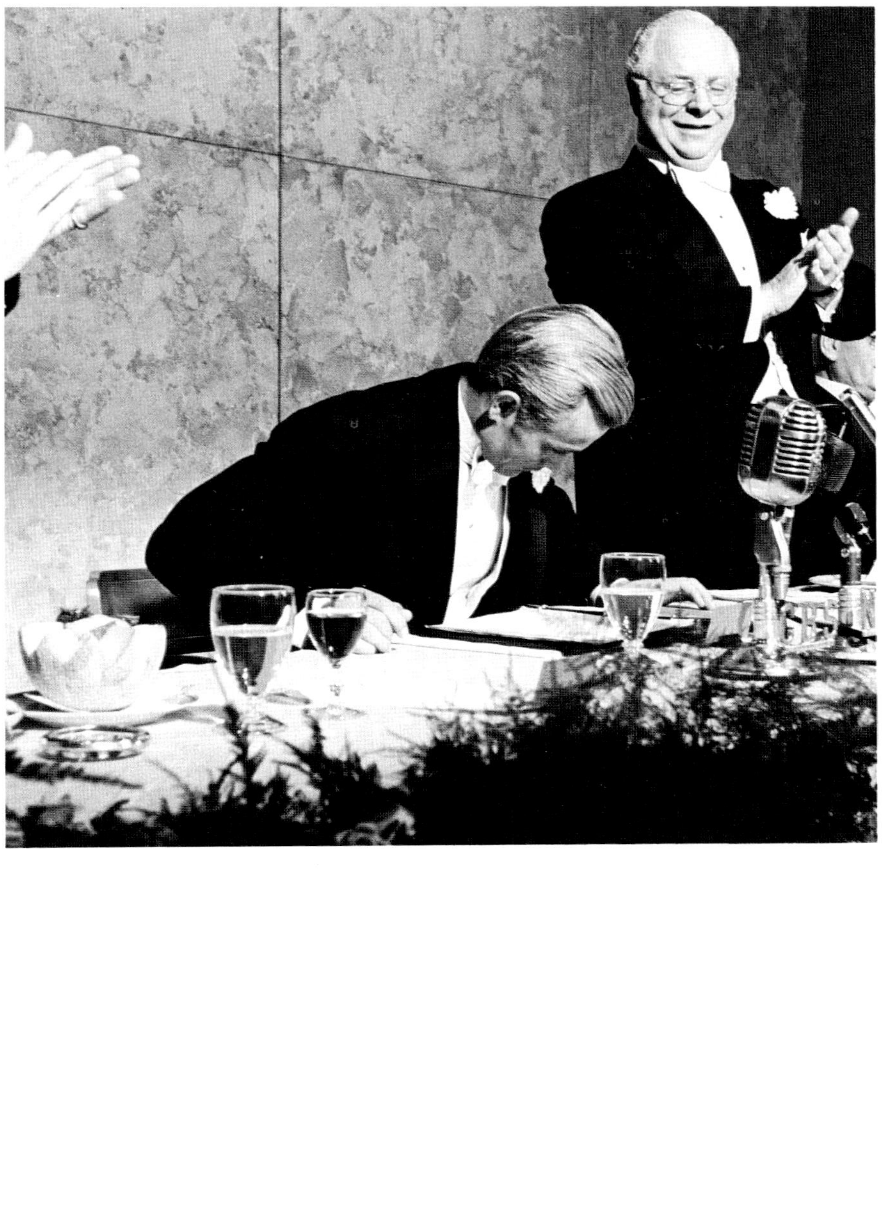

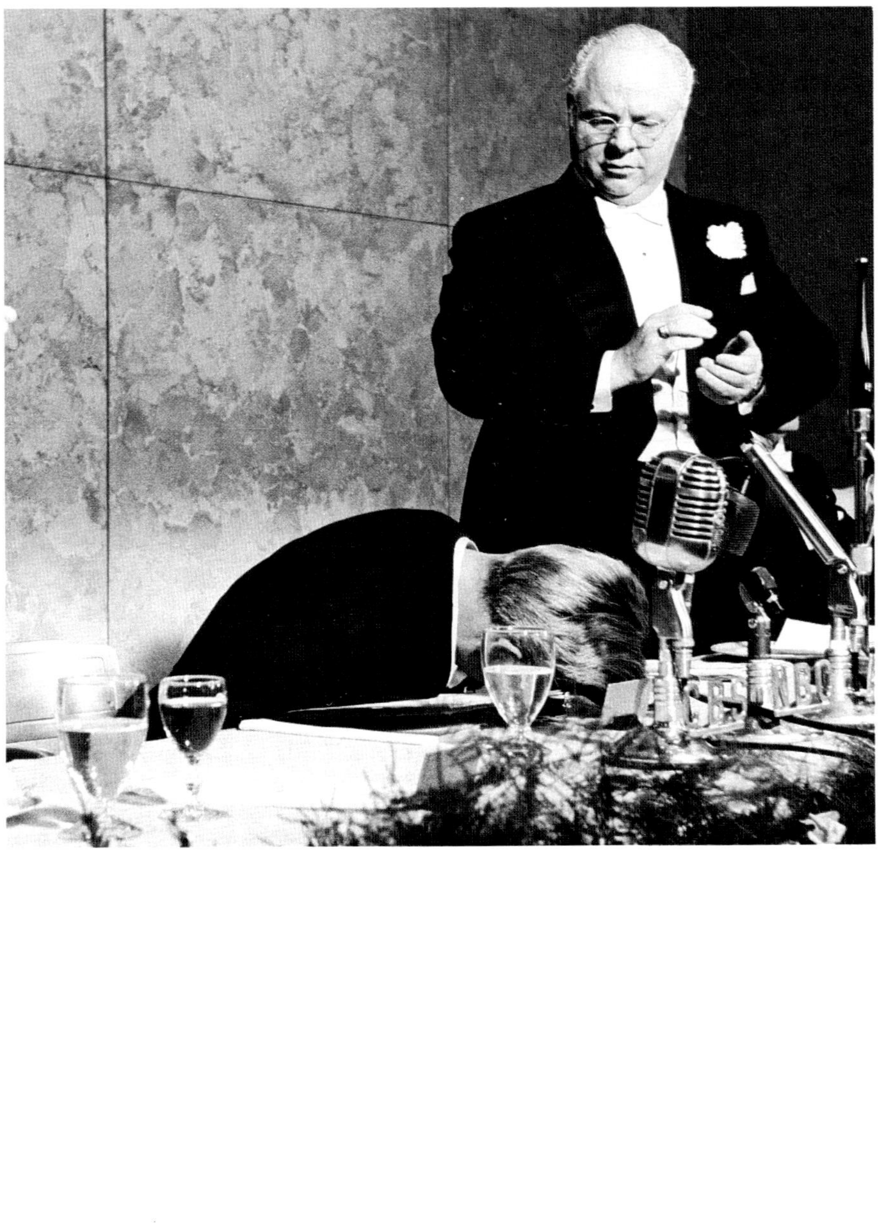

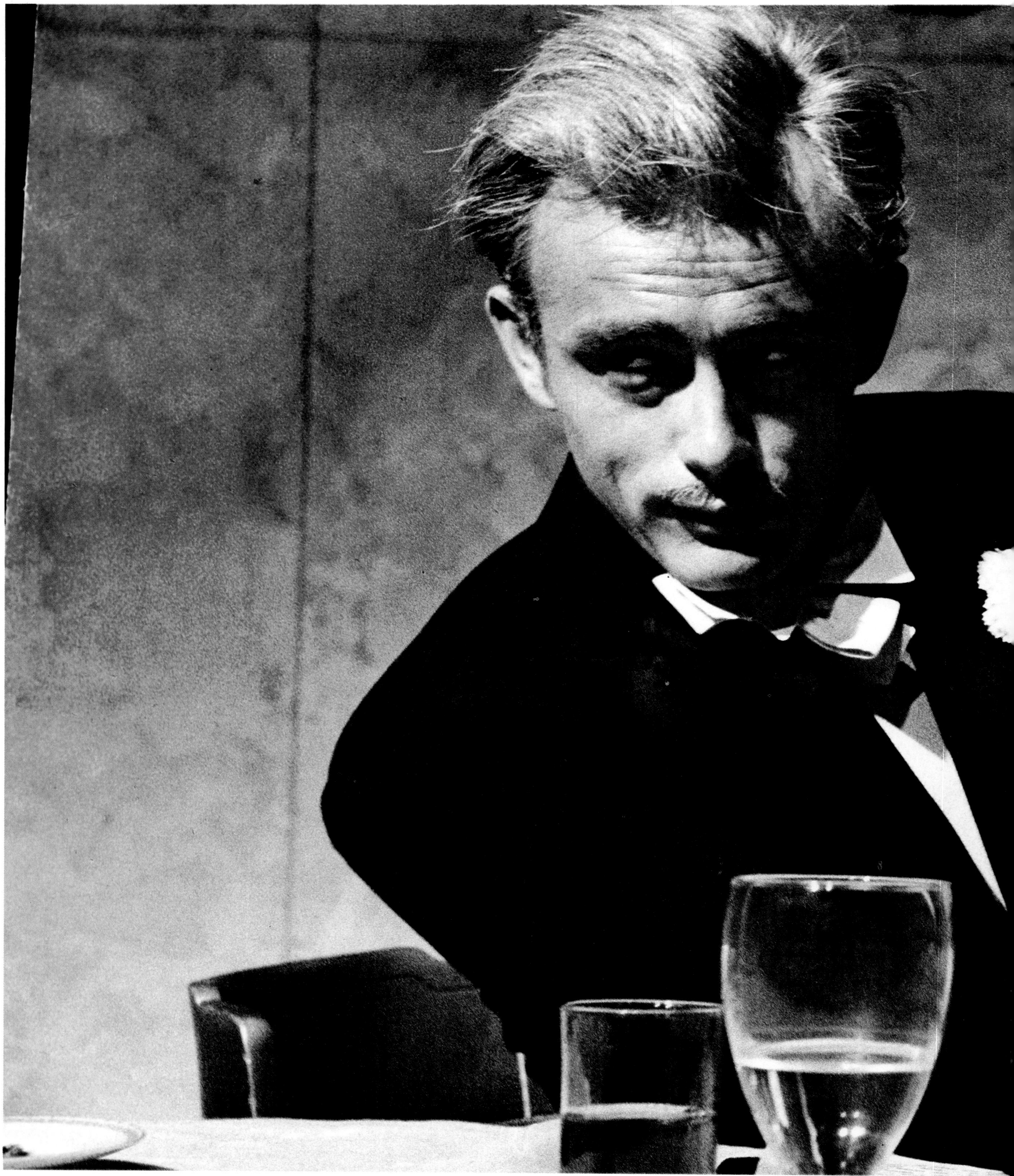

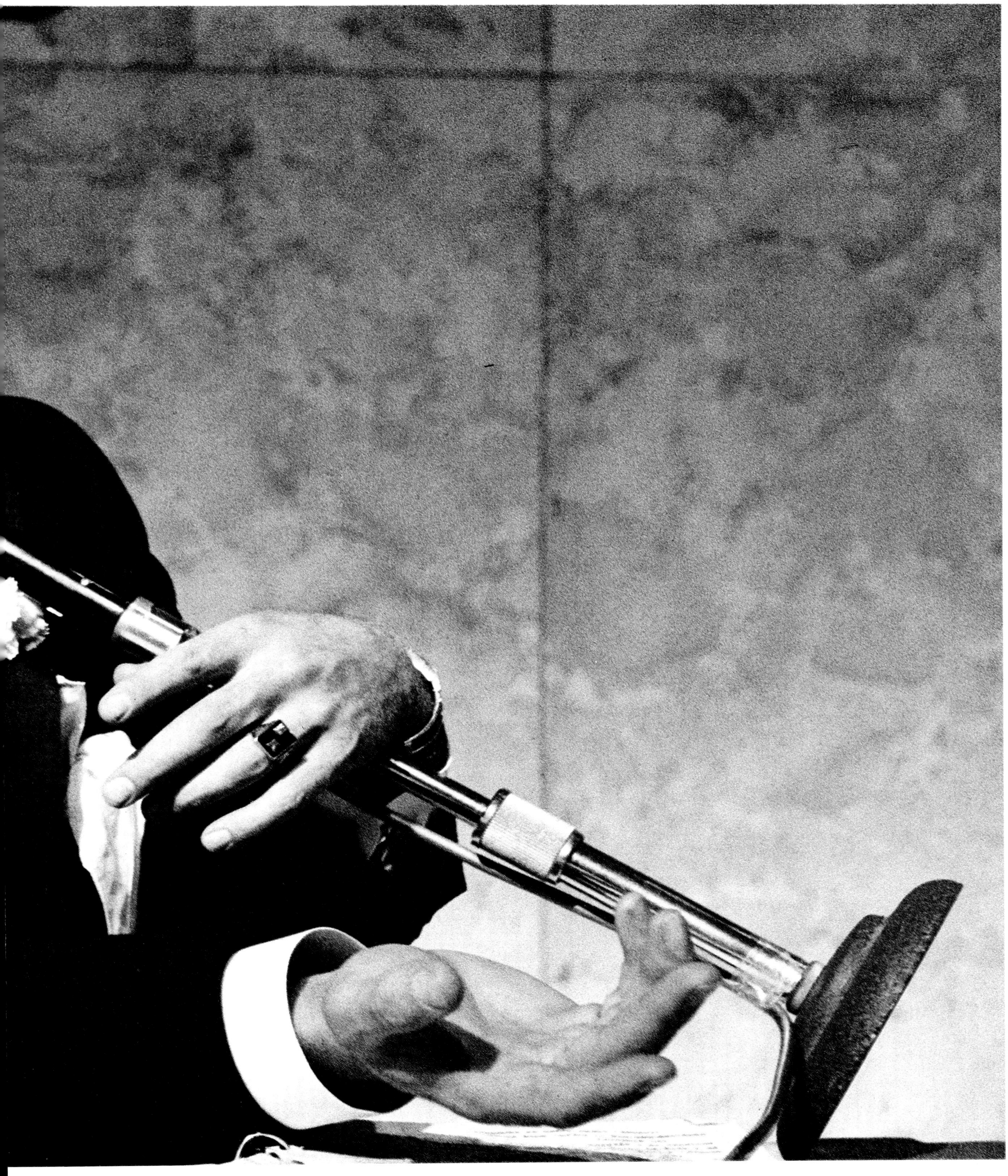

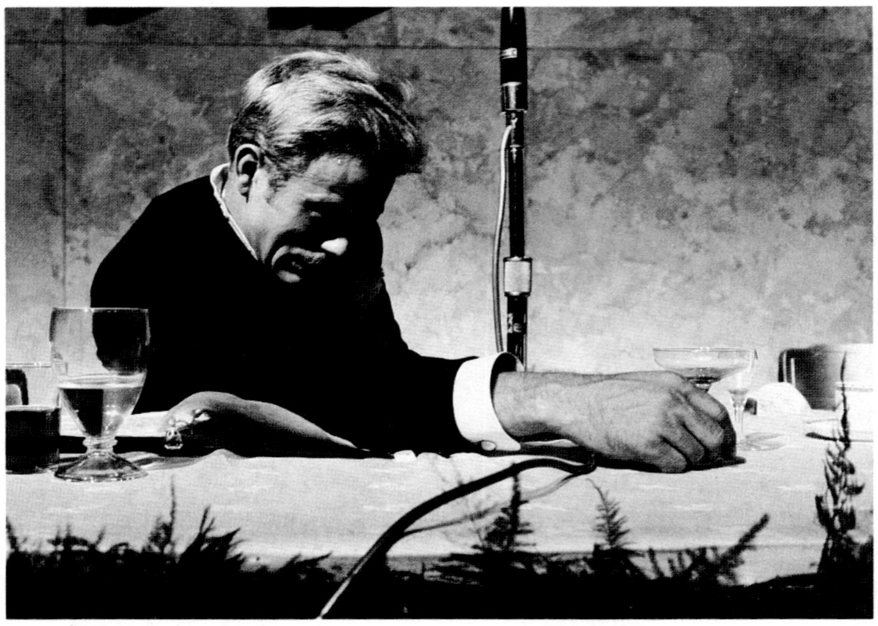

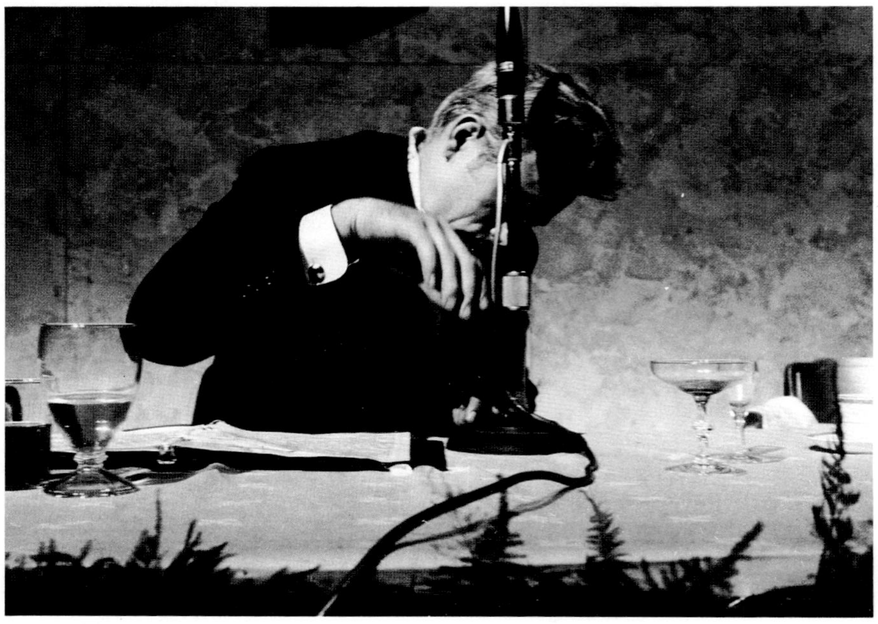

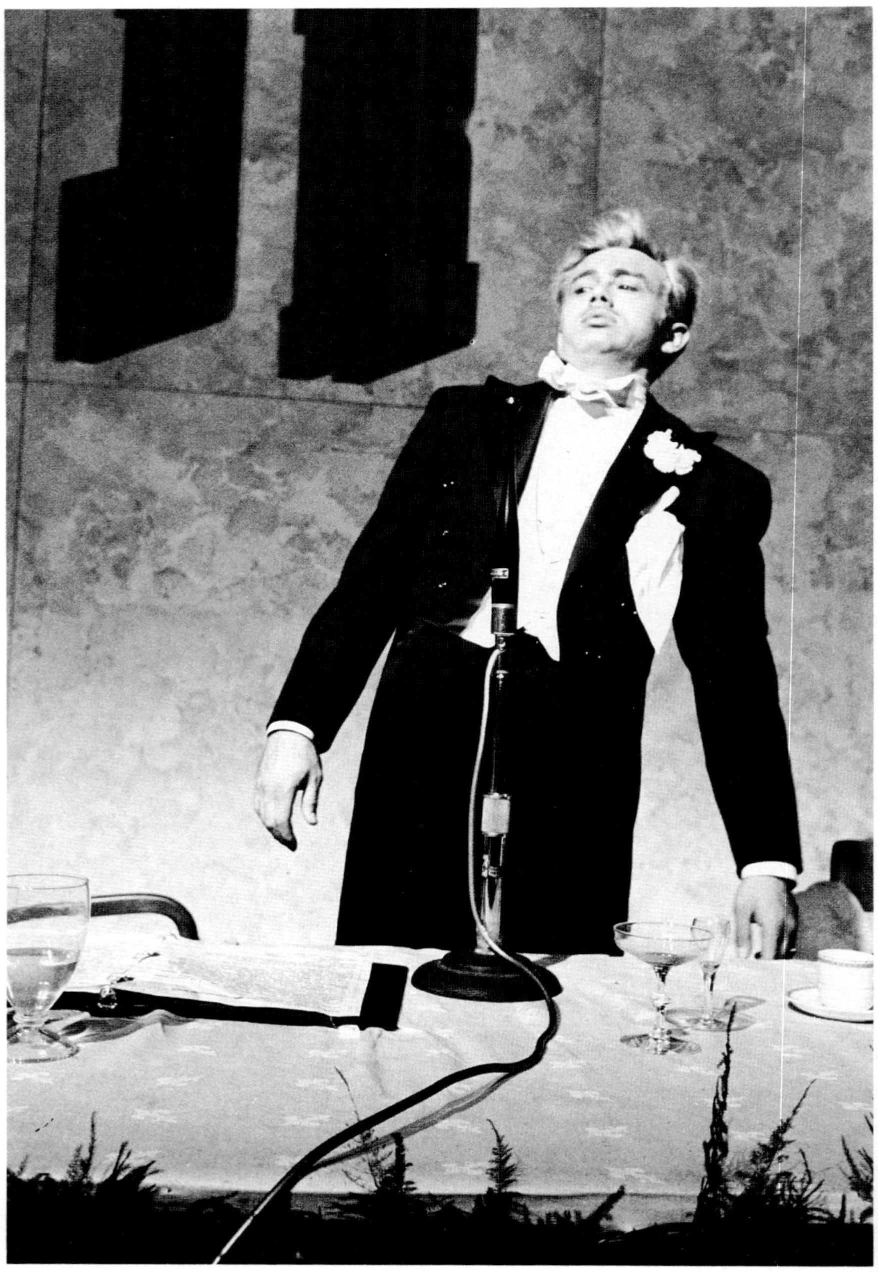

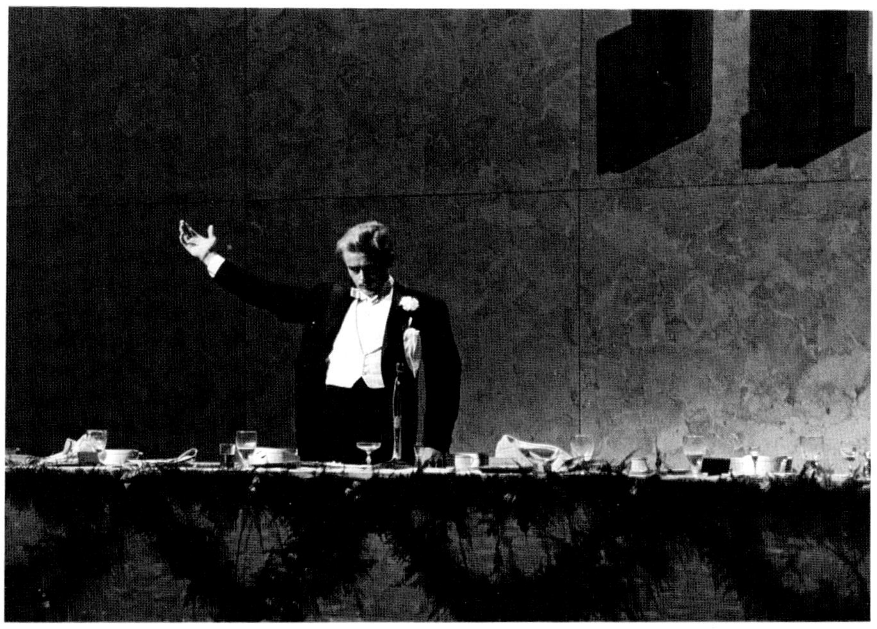
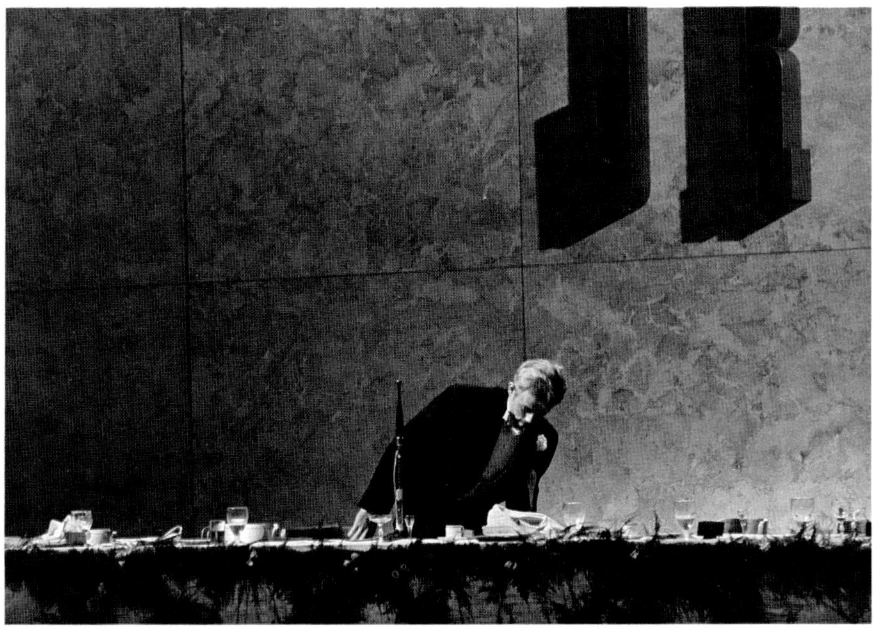
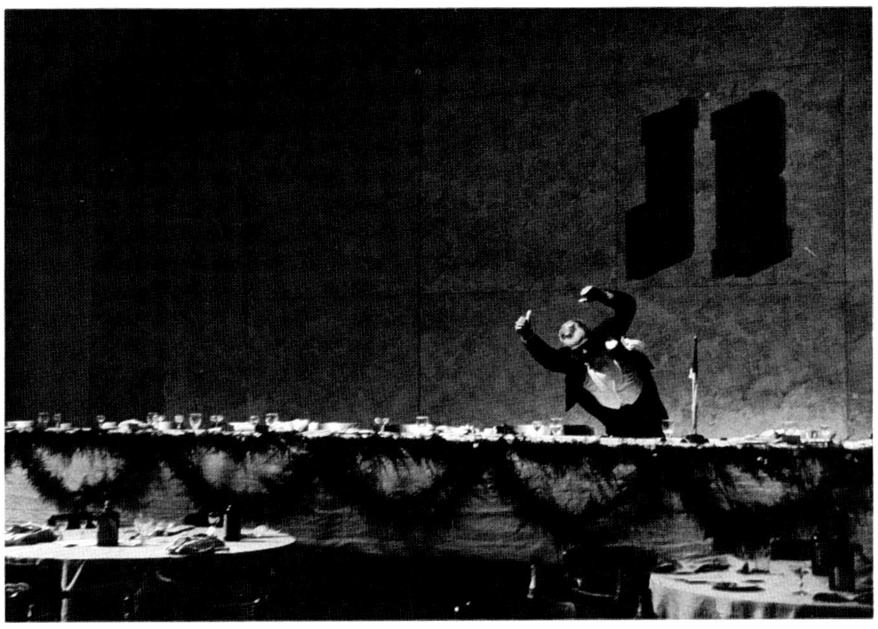

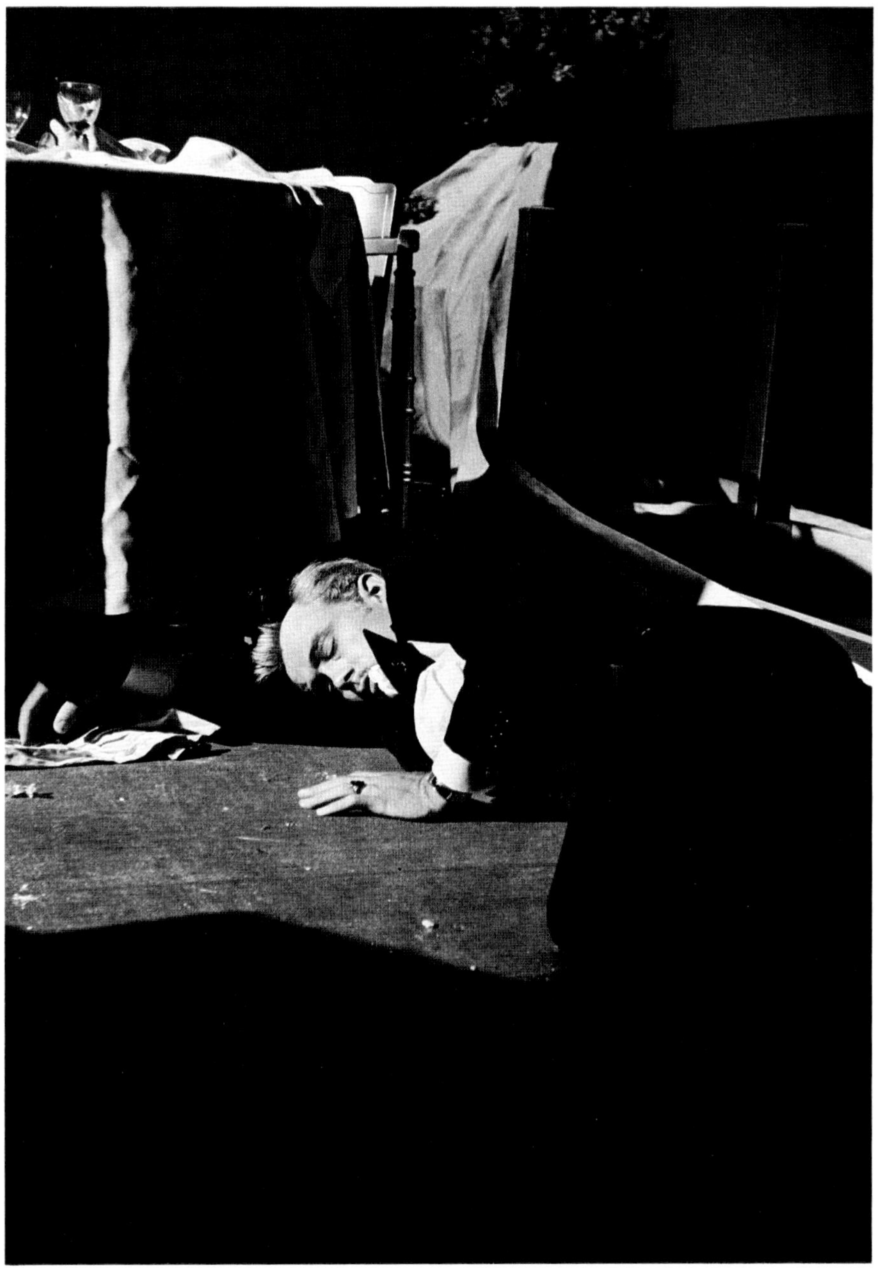

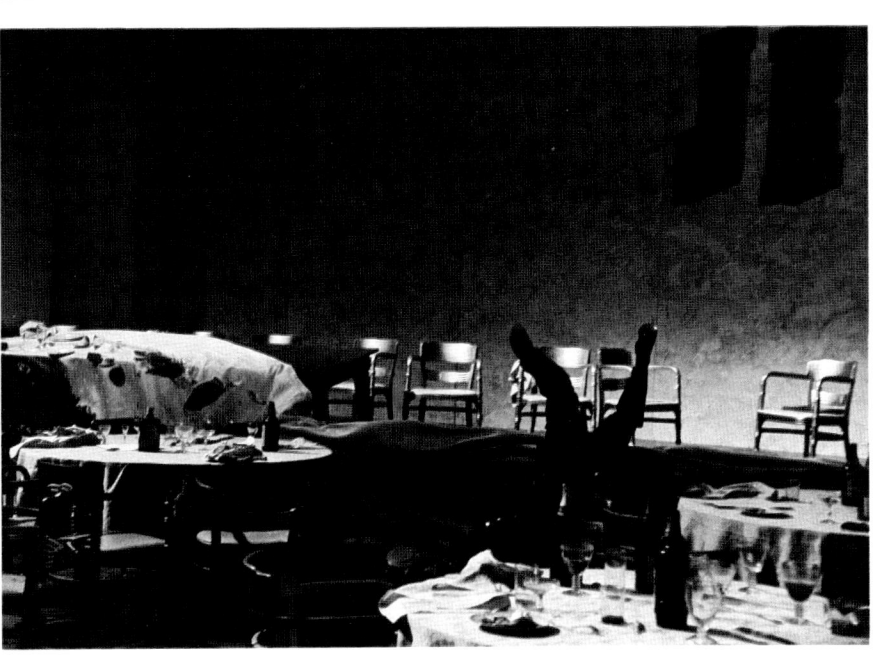

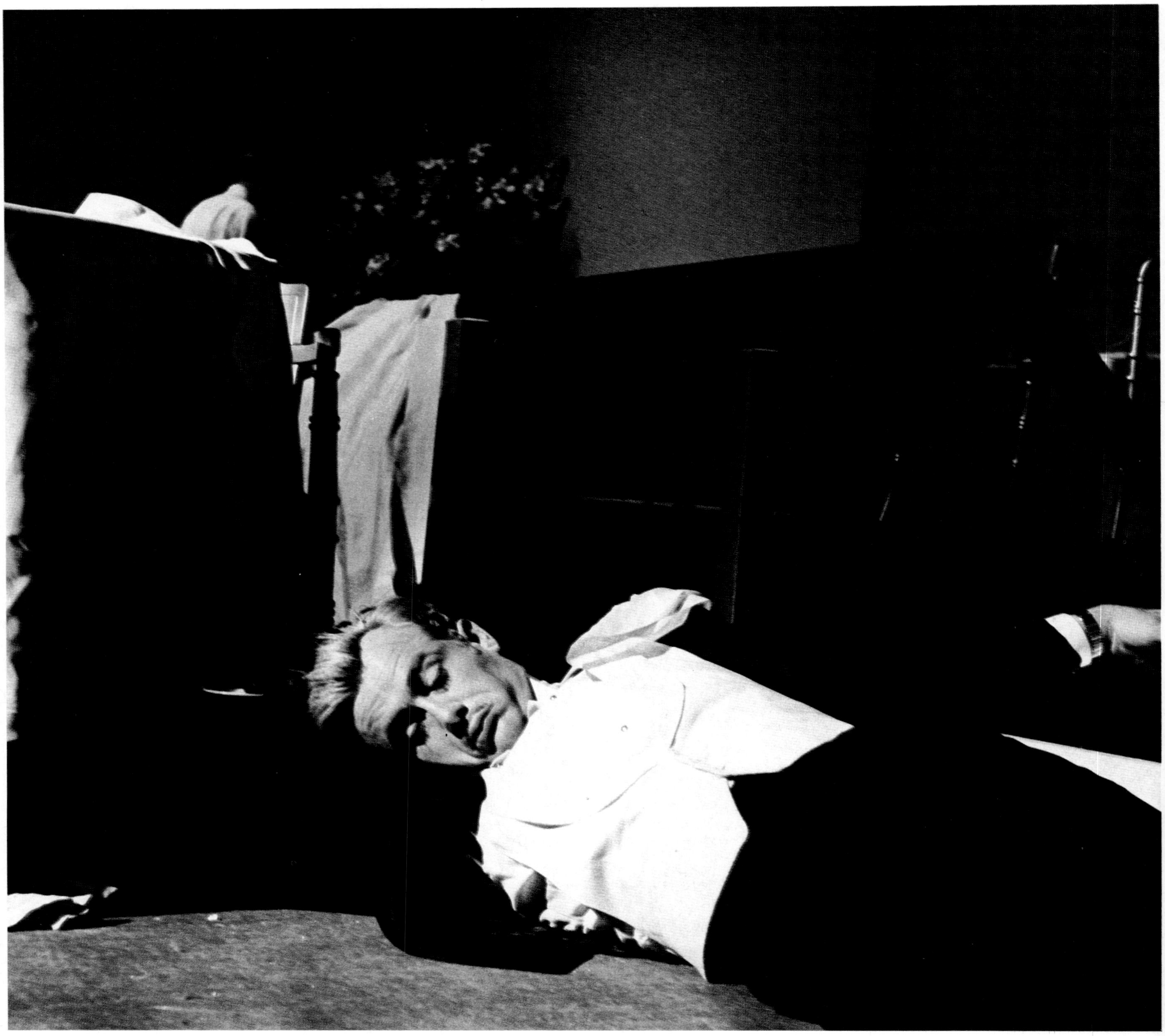

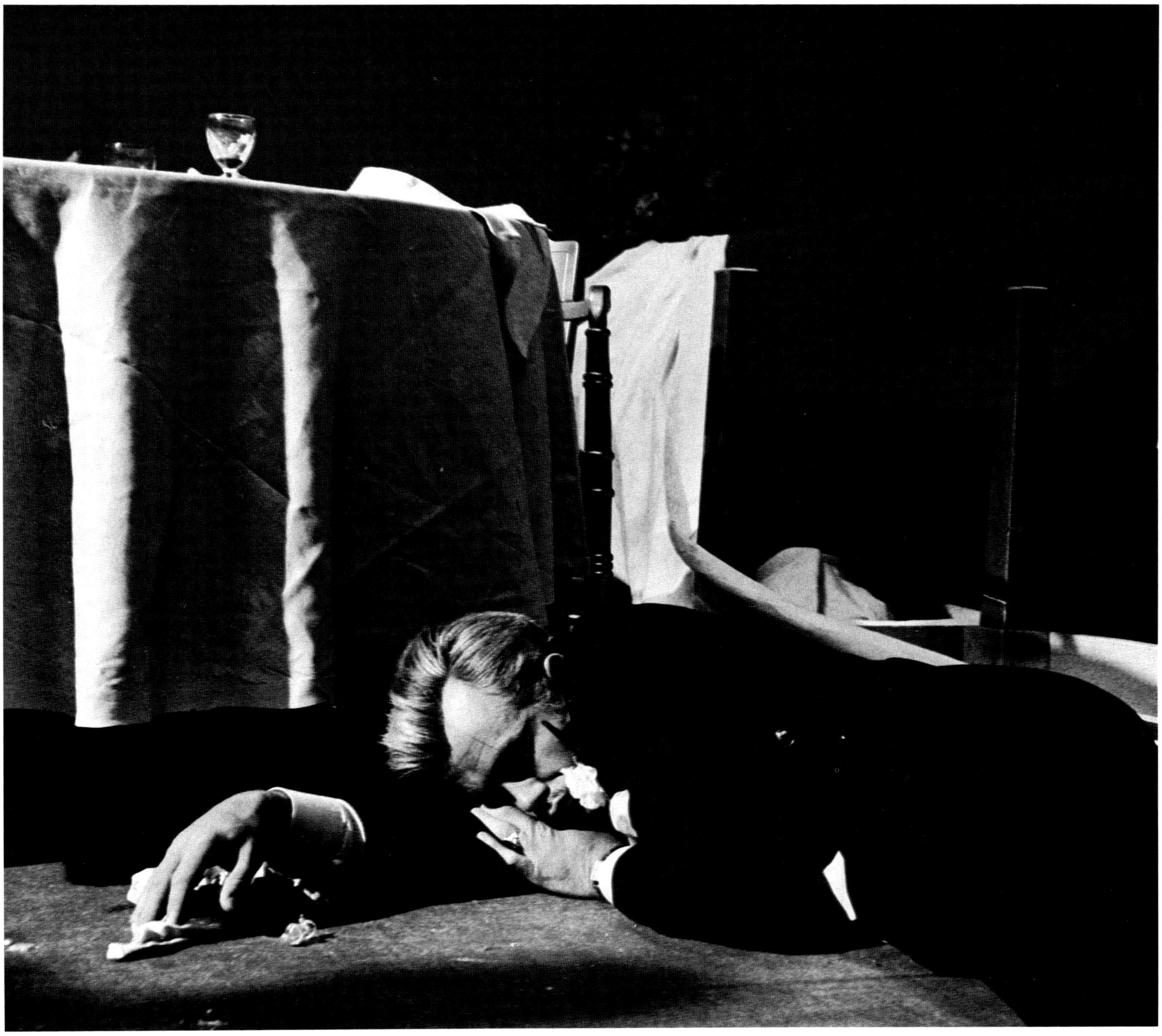

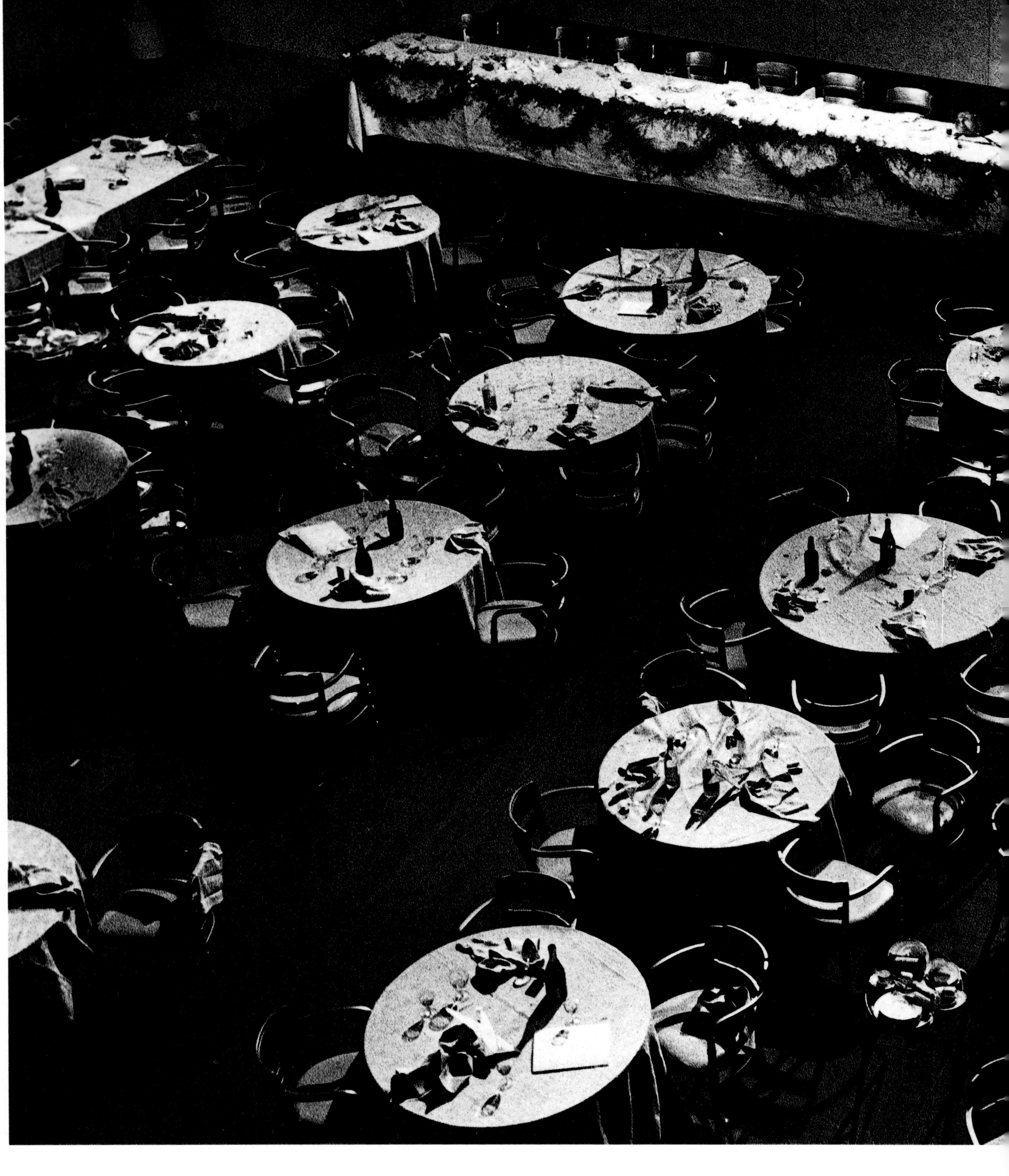

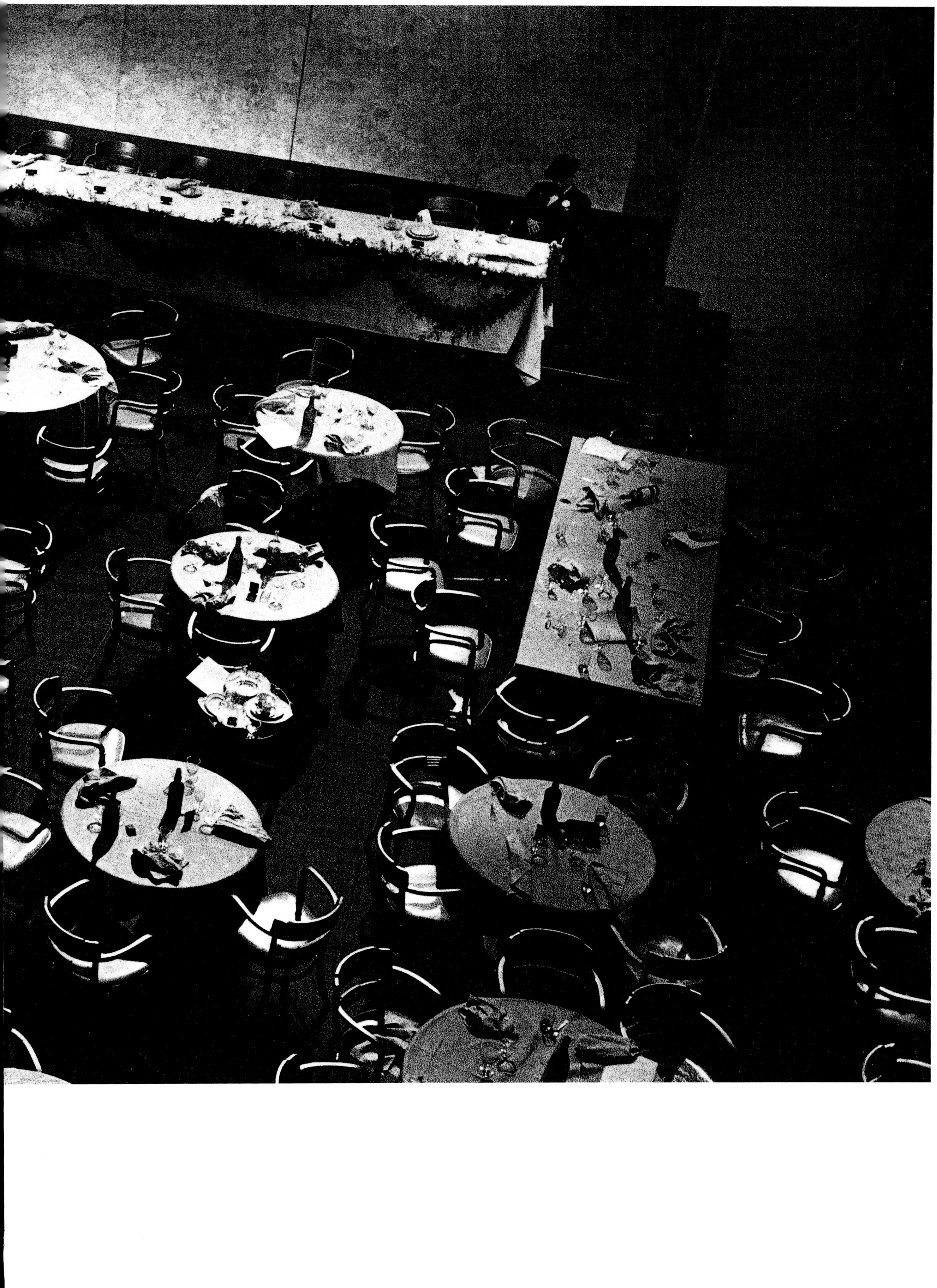

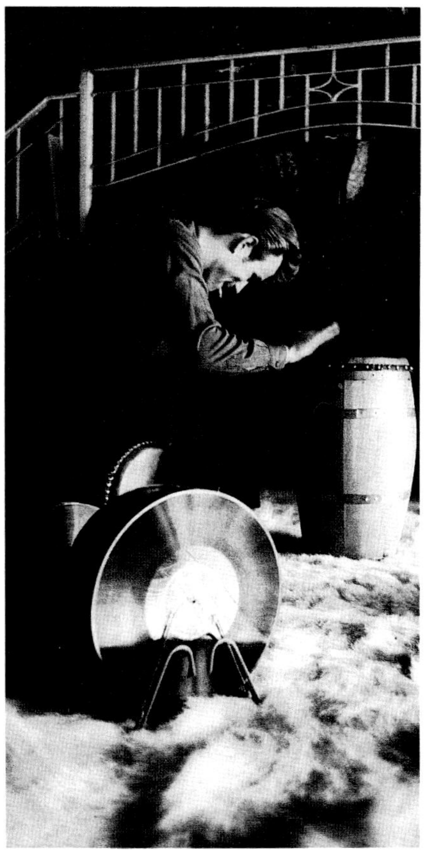
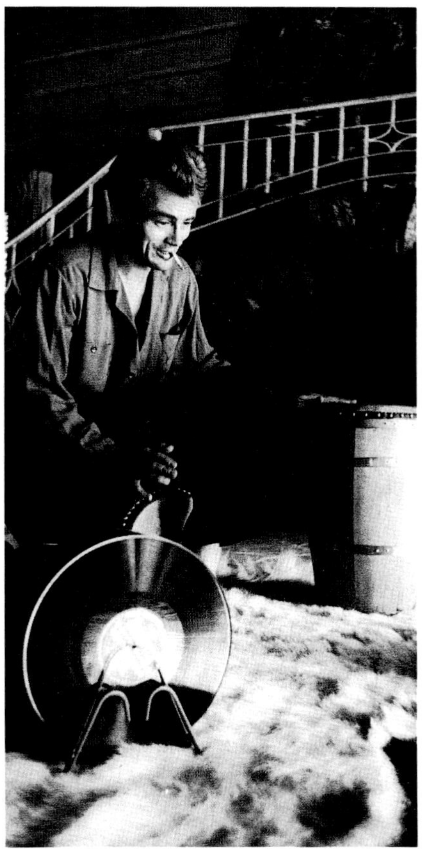
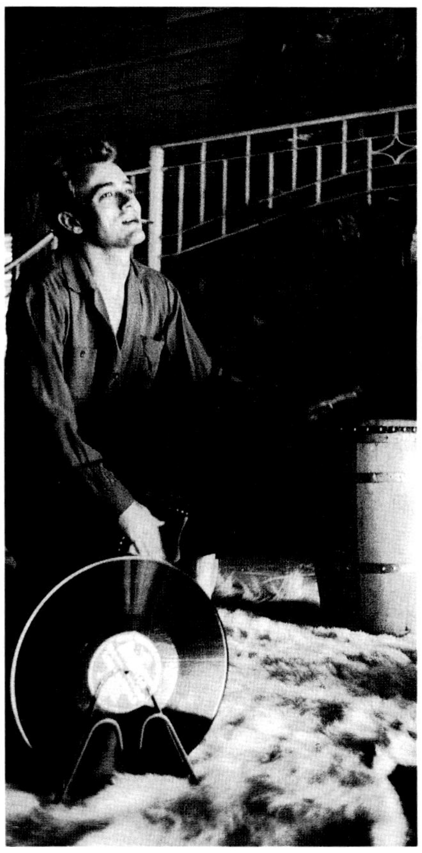
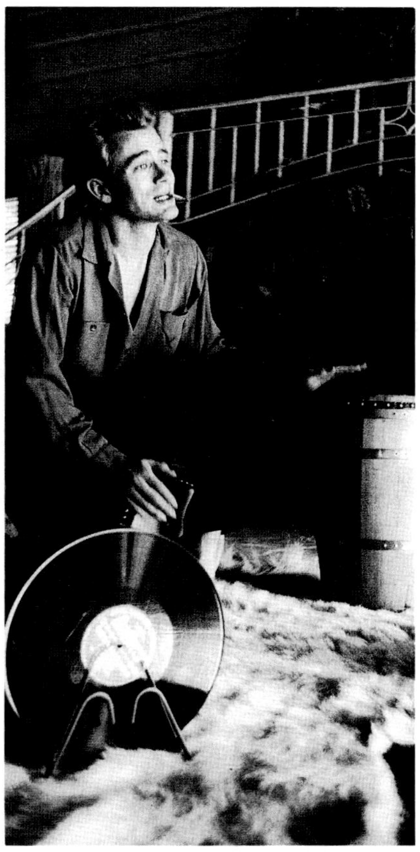

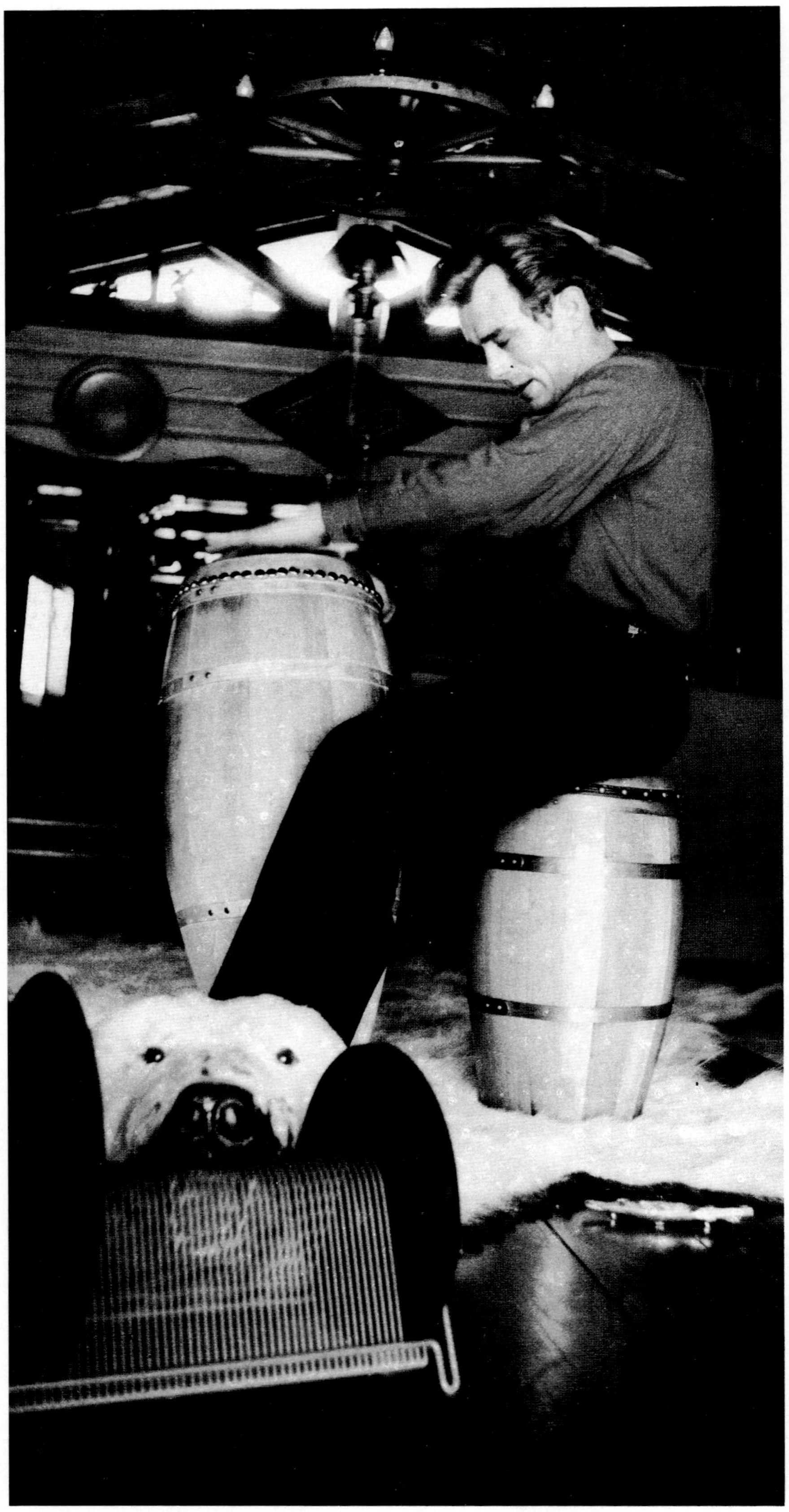

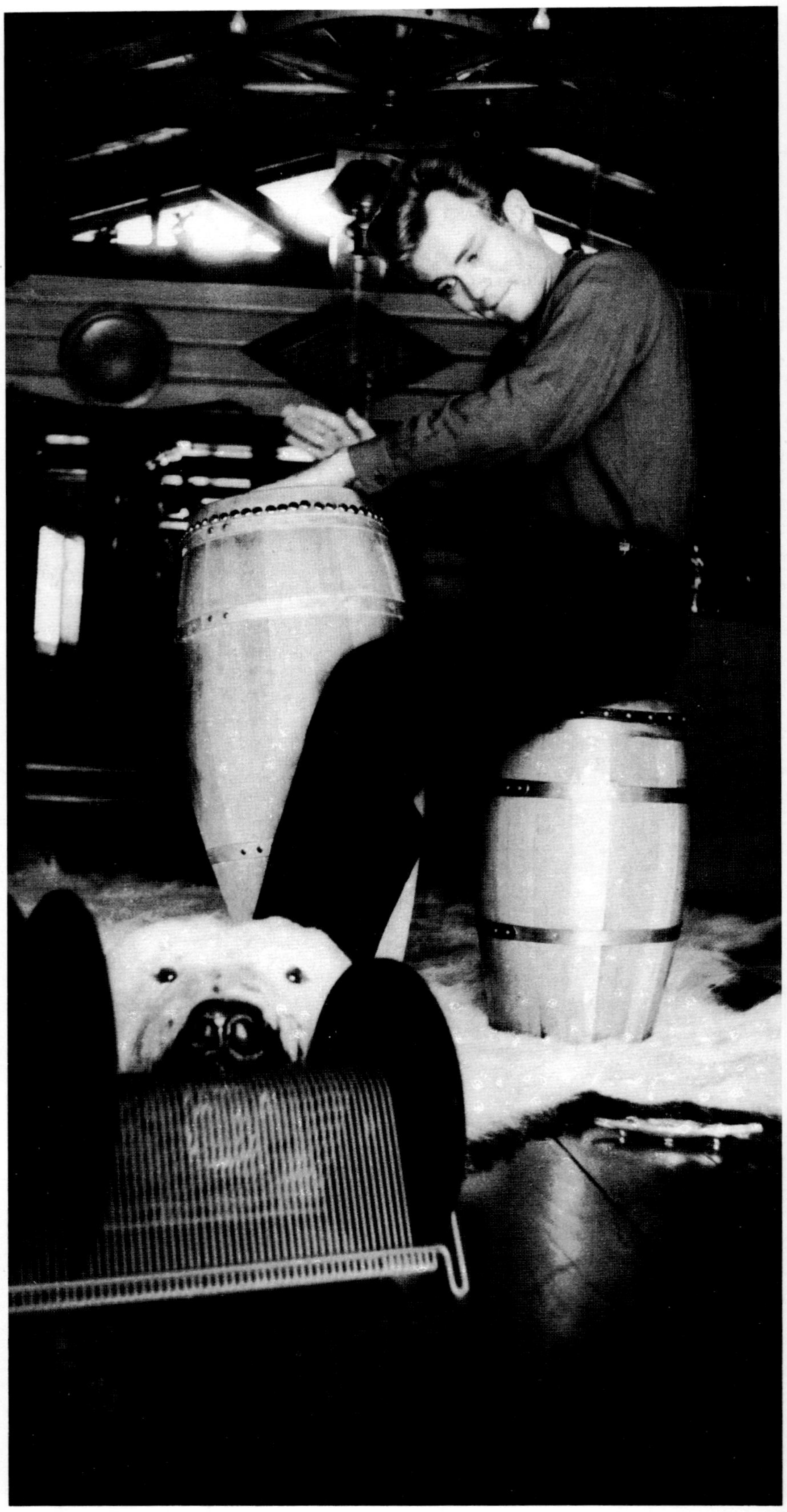

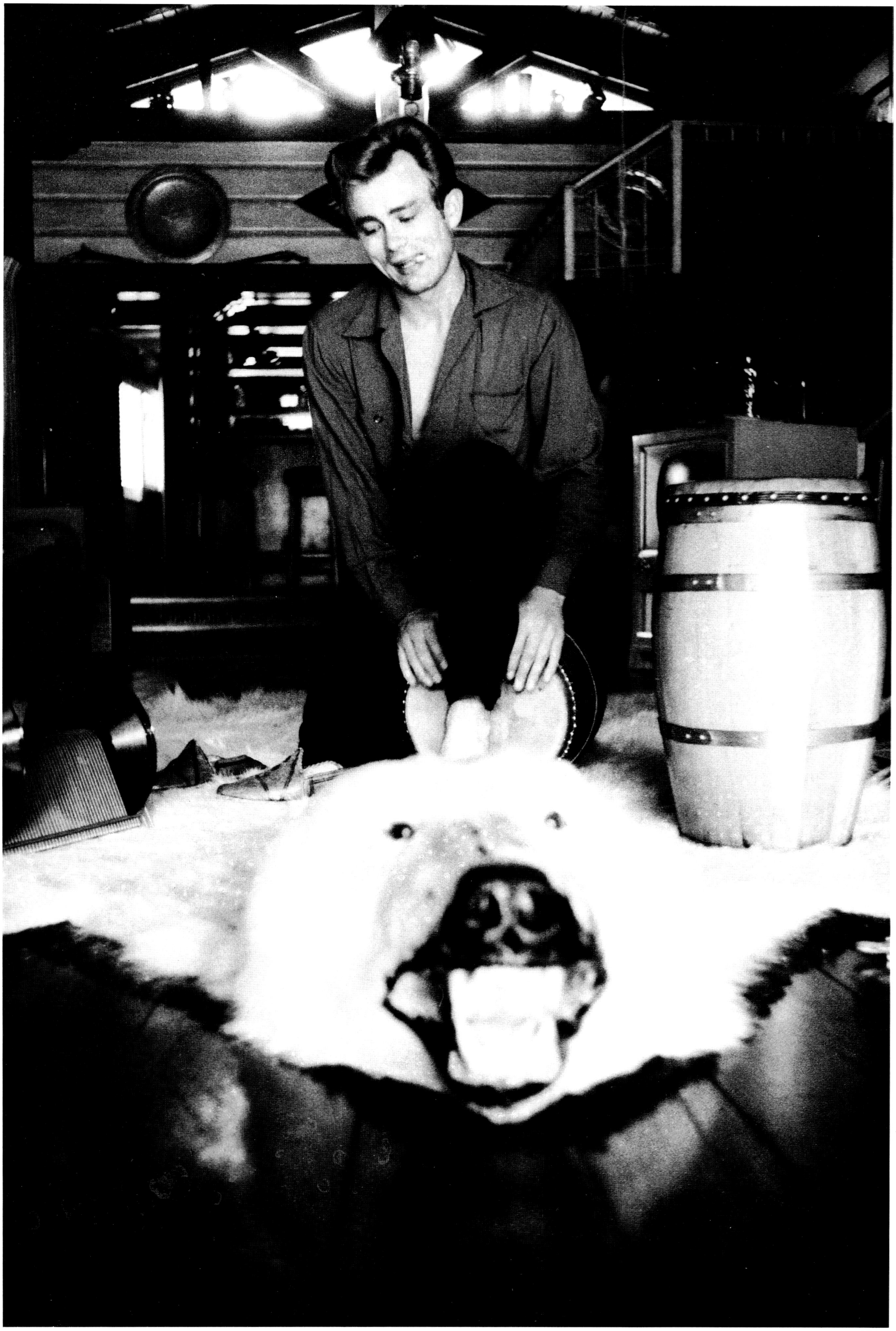

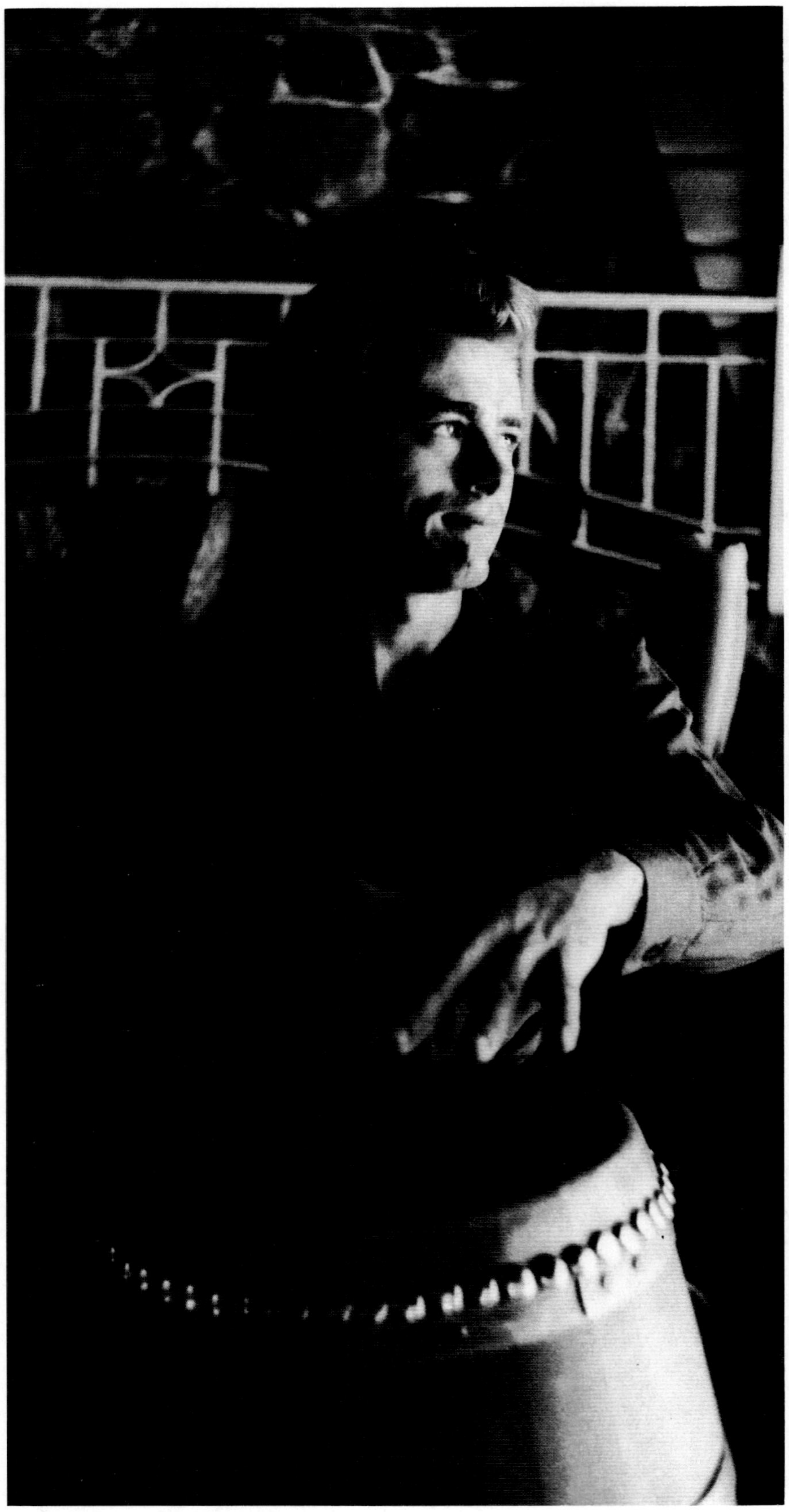

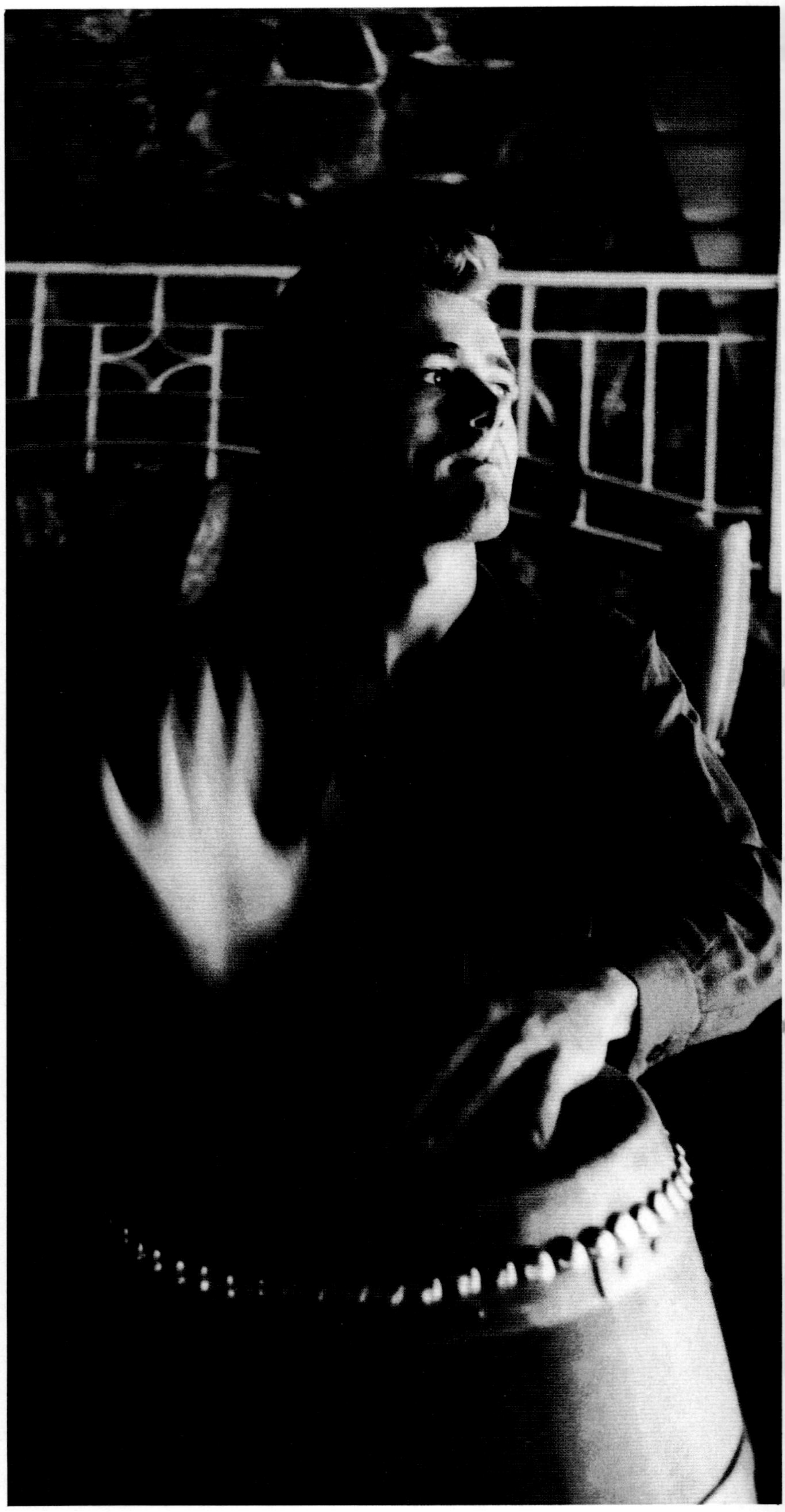

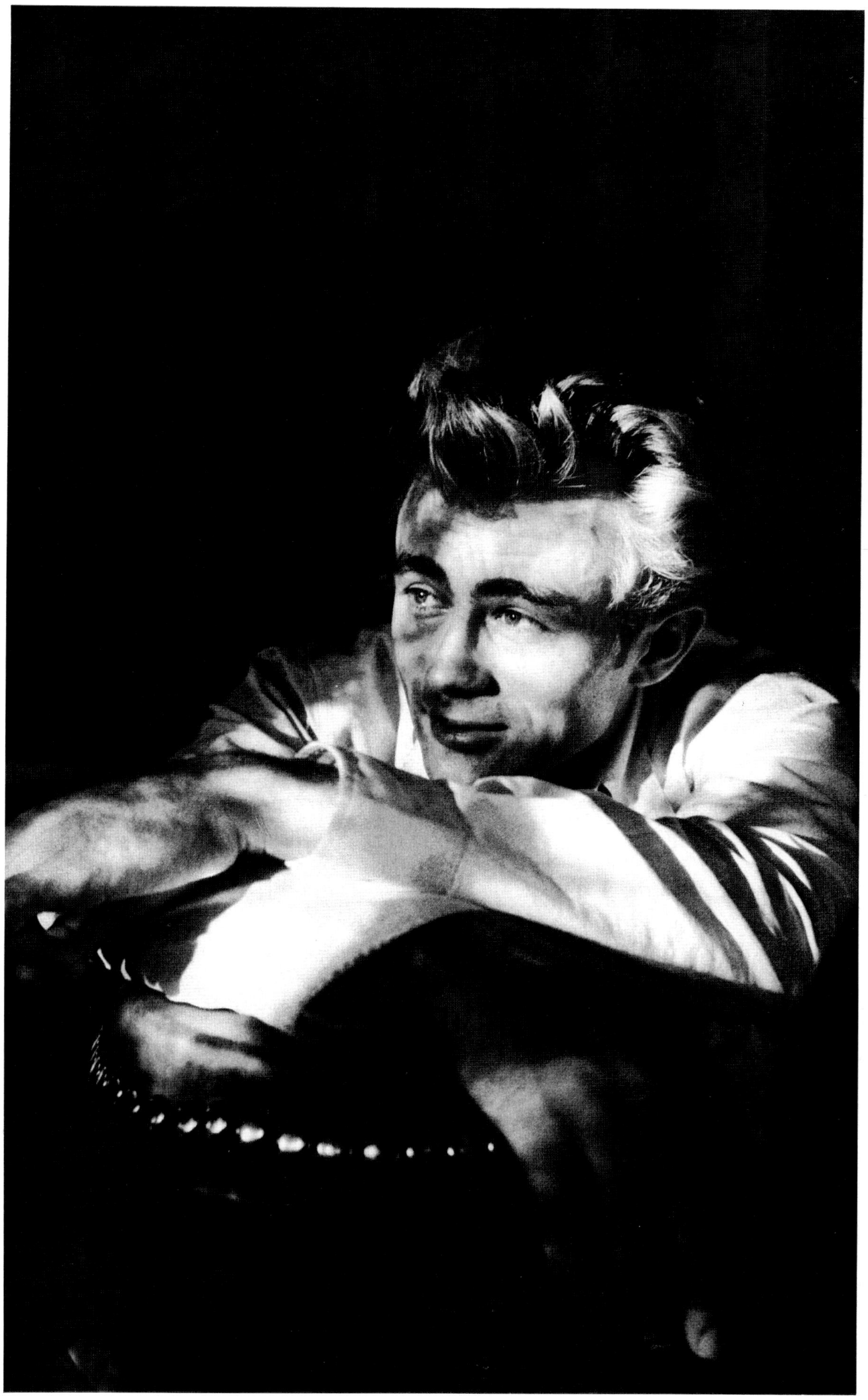

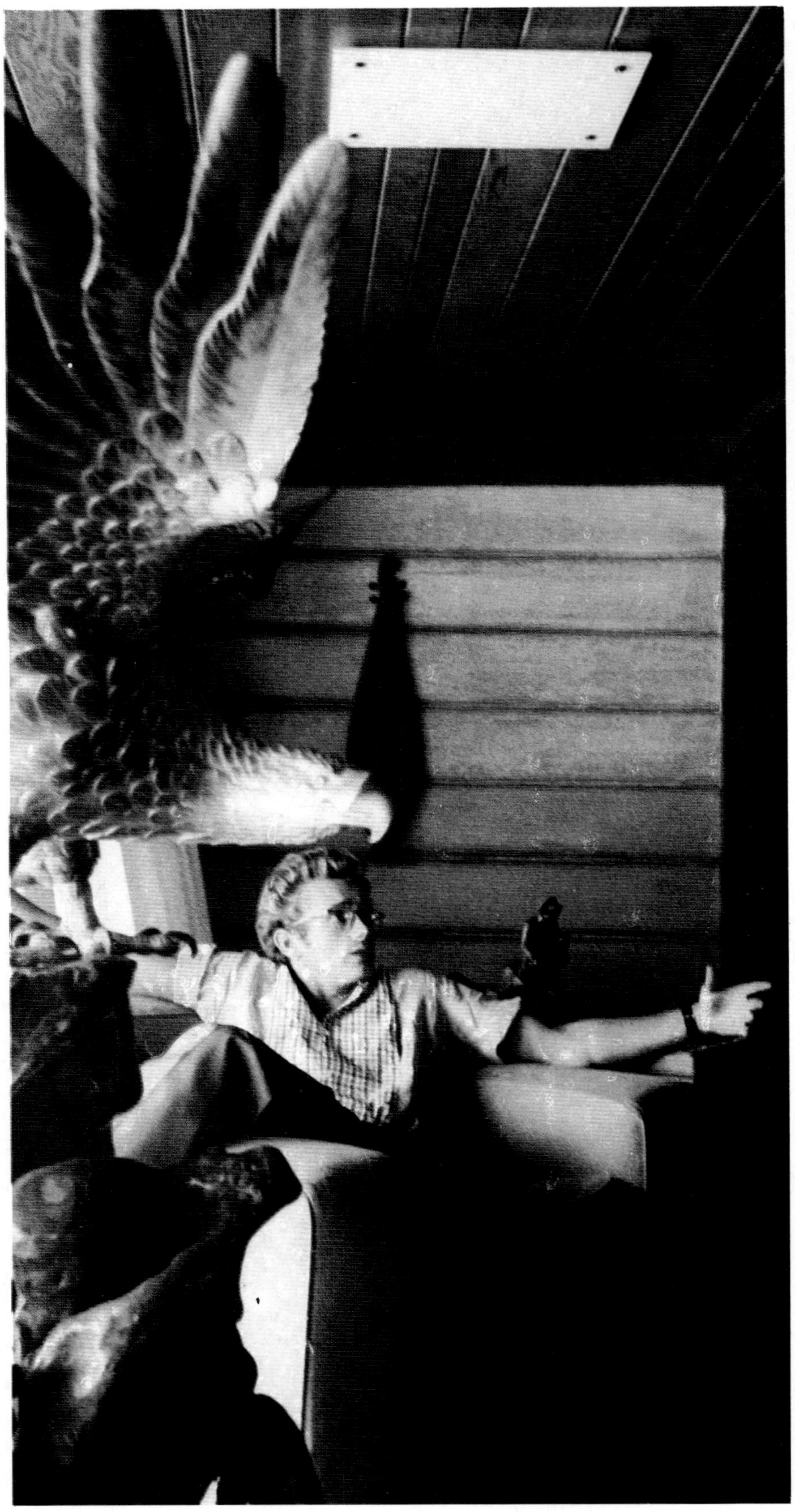

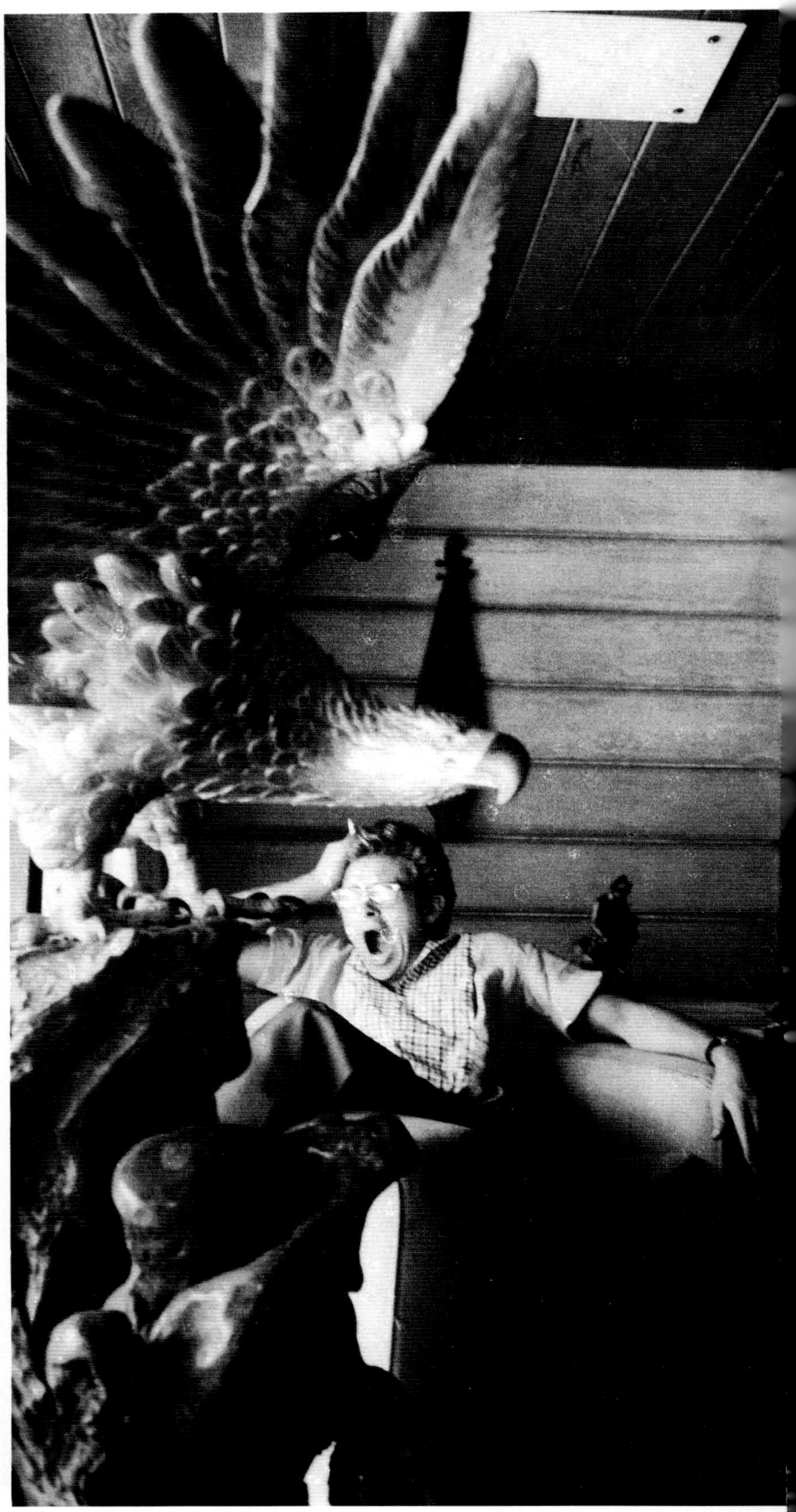

101

SANTA BARBARA
FLYING SERVICE
215

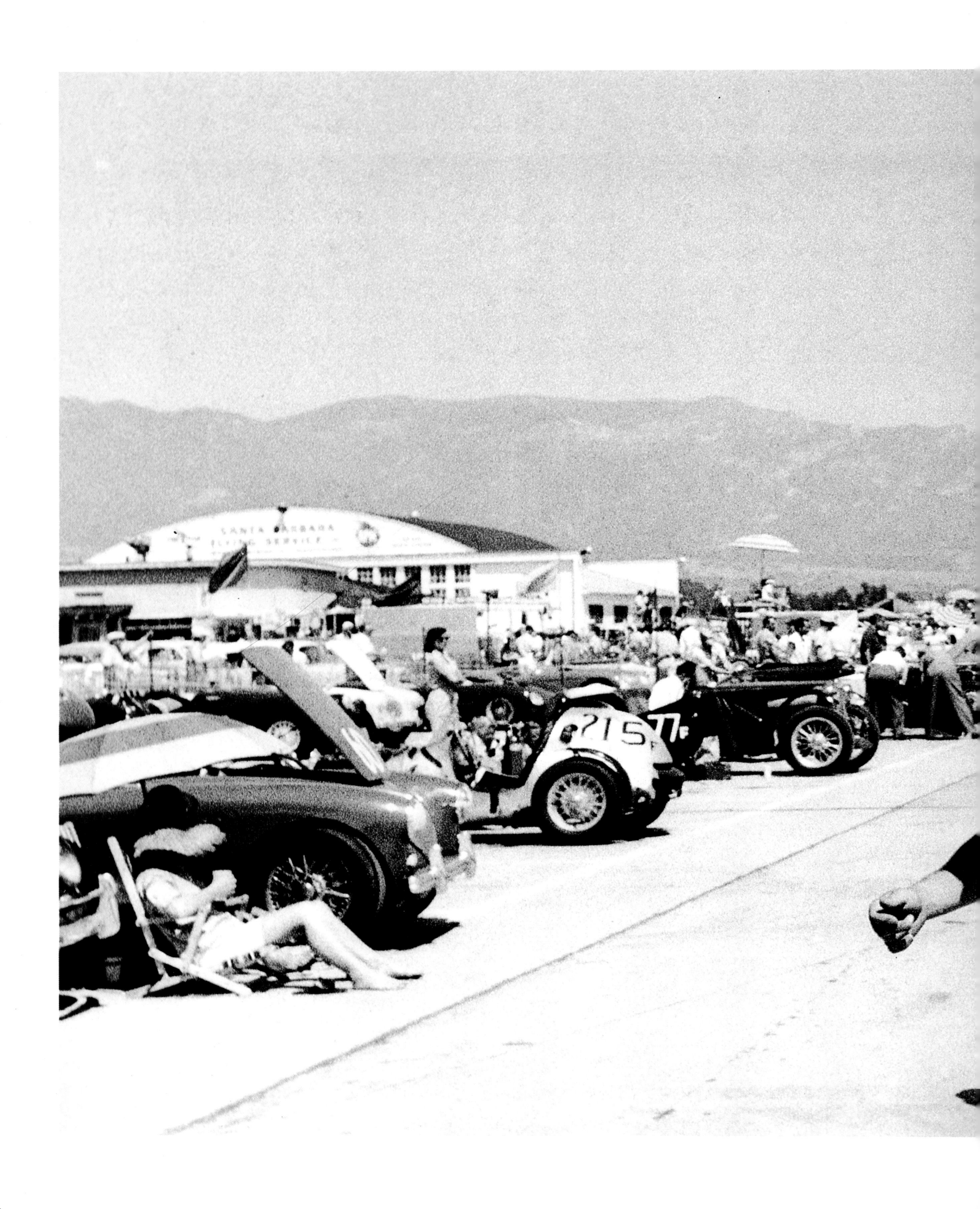

103

Epilogue

Epilog

Epilogue

106

On the thirtieth day of September in 1955, James Dean was killed in an accident on a highway in central California. My husband, who was following Jimmy's Porsche Spyder in another car, telephoned the terrible news to me at six p.m. Within the hour, word of the tragedy echoed around the world from the small community with the outlandish name of Cholame, to every outpost of civilization on the globe. Today, twenty-seven years after James Dean's death, the echo can still be heard. Another generation of Dean worshippers has emerged from Sri Lanka to Israel. Young people who were not yet conceived when James Dean was alive, have deified him with an

Am 30. September 1955 starb James Dean bei einem Autounfall auf einer Landstraße in Mittelkalifornien. Mein Mann, der hinter dem Porsche Spyder von Jimmy fuhr, teilte mir um sechs Uhr abends am Telefon mit, was geschehen war. In weniger als einer Stunde war die Nachricht von der Tragödie von der kleinen Gemeinde mit dem seltsamen Namen Cholame aus in die ganze Welt gedrungen, bis hin zum letzten Vorposten der Zivilisation. Heute, siebenundzwanzig Jahre nach dem Tod von James Dean, kann man das Echo noch hören. Eine neue Generation von James-Dean-Verehrern ist von Sri Lanka bis Israel nachgewachsen. Die jungen Leute, die zu Lebzeiten von James Dean noch nicht einmal gezeugt waren, haben ihn mit einer Intensität vergöttlicht, die religiösem Eifer nahekommt — eine geheime Kabale von Jugendlichen, welche

Le trente septembre 1955, James Dean se tuait dans un accident de voiture sur une route nationale du centre de la Californie. Mon mari, qui suivait la Porsche Spyder de Jimmy dans une autre voiture, me téléphona la terrible nouvelle à six heures du soir. En moins d'une heure, la nouvelle de la tragédie s'était répercutée dans le monde entier depuis la petite commune au bizzare nom de Cholame, jusqu'à tous les avant-postes de civilization du globe. Aujourd'hui, vingt-sept ans après la mort de James Dean, on peut encore en entendre l'écho. Une autre génération d'adorateurs de James Dean a émergé depuis Sri Lanka jusqu'en Israël. Les jeunes qui n'étaient pas encore conçus du vivant de James Dean l'ont déifié avec une intensité qui rivalise la ferveur

intensity which rivals religious fervor — a secret cabal of adolescents idolizing a hero figure, unique even in the Pantheon of Heroes. The ultimate hommage to James Dean, is the glorious memorial in Cholame presented by a Japanese business man, Mr. Ohnishi, of Tokyo, as tribute to the actor. Surrounding a California wild oak is a serpentine structure of polished steel reflecting the scene of the accident on its mirror-like surface. Etched into its form are the dates and hours of birth and death and an excerpt from Antoine de Saint-Exupéry's charming fable, »THE LITTLE PRINCE«, Jimmy's favorite book. The words were very significant to him. A concise identification with his own philosophy: »WHAT IS ESSENTIAL IS INVISIBLE TO THE EYE.«

eine Heldengestalt zu ihrem Idol erheben, die sogar im Pantheon einzigartig ist. Die letzte Ehrung James Deans stellt das herrliche Denkmal in Cholame dar, das ein japanischer Geschäftsmann, Herr Ohnishi aus Tokio, als Hommage an den Schauspieler enthüllte. Um eine wilde kalifornische Eiche gewunden spiegelt eine Schlange aus blankpoliertem Stahl den Unfallort auf ihrer glatten Oberfläche wider. Darin eingeätzt sind Tag und Stunde von Geburt und Tod des Geehrten sowie ein Zitat aus Antoine de Saint-Exupérys zauberhafter Erzählung »DER KLEINE PRINZ«, Jimmys Lieblingsbuch. Diese Worte hatten eine große Bedeutung für ihn. Sie waren die Kurzfassung seiner persönlichen Philosophie: »...DAS WESENTLICHE IST FÜR DIE AUGEN UNSICHTBAR.«

religieuse... Une secrète cabale d'adolescents faisant une idole d'une figure de Héro, unique même au Panthéon des Héros. L'ultime hommage à James Dean, est le superbe monument commémoratif de Cholame présenté par un homme d'affaires japonais, M. Ohnishi, de Tokio, comme un tribut à l'acteur. Entourant un chêne sauvage de Californie une serpentine d'acier poli reflette la scène de l'accident sur ses surfaces miroitantes. Les dates et les heures de sa naissance et de sa mort y sont gravées à l'eau-forte, ainsi qu'une citation du charmant comte d'Antoine de Saint-Exupéry, »LE PETIT PRINCE«, son livre préféré. Ces mots avaient une réelle signification pour lui. Une concise identification avec sa philosophie personnelle: »...L'ESSENTIEL EST INVISIBLE POUR LES YEUX.«

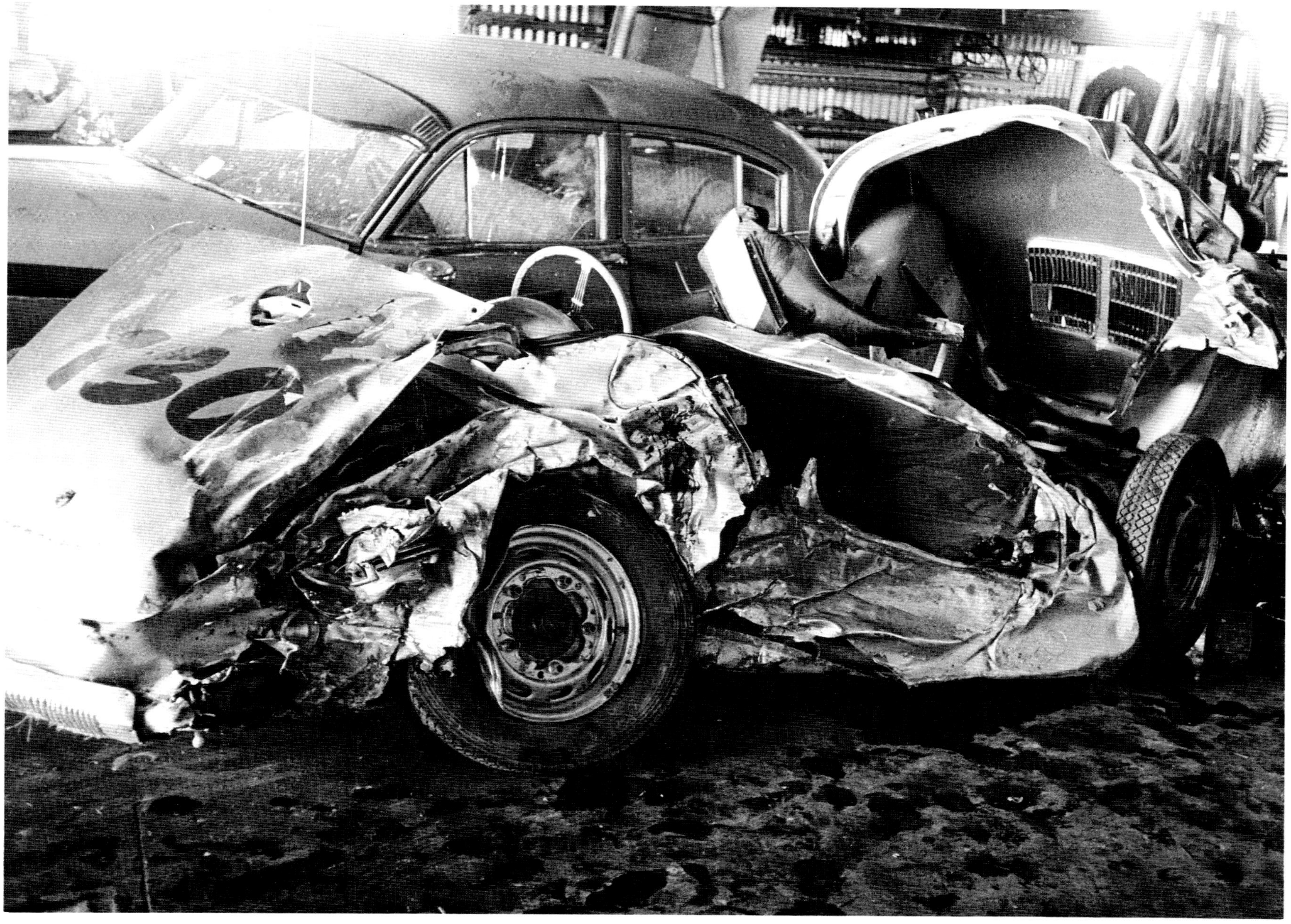
130

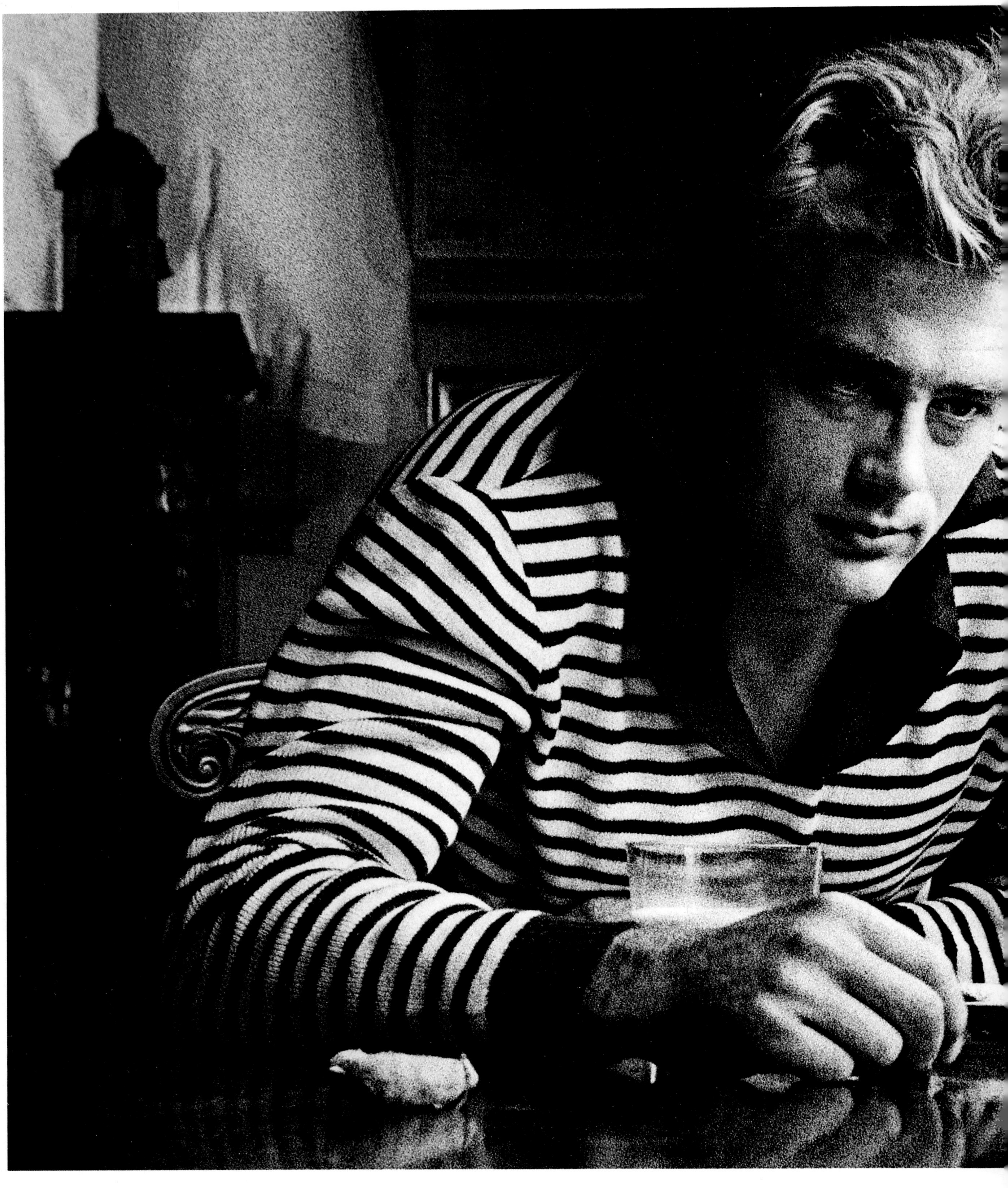

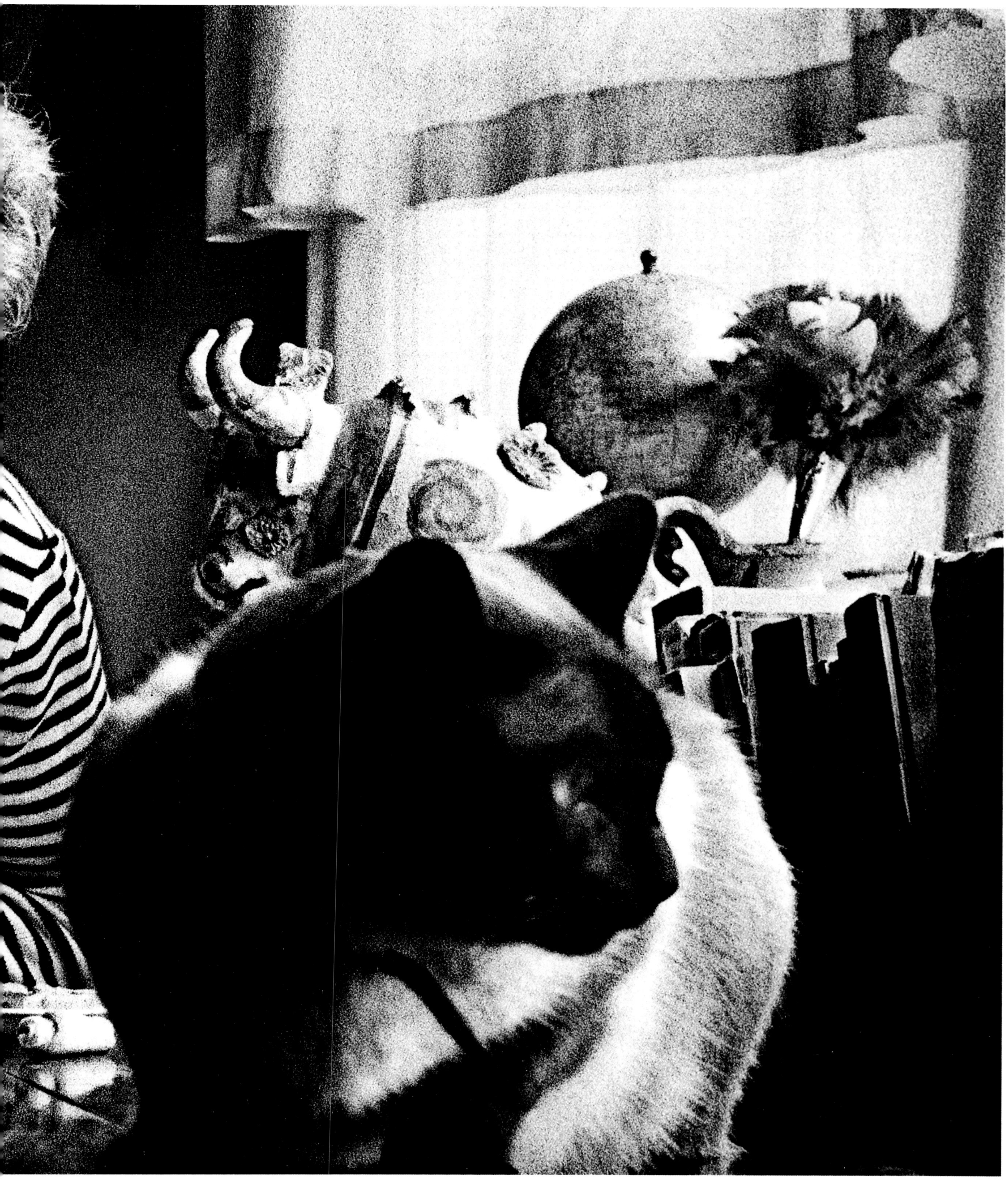

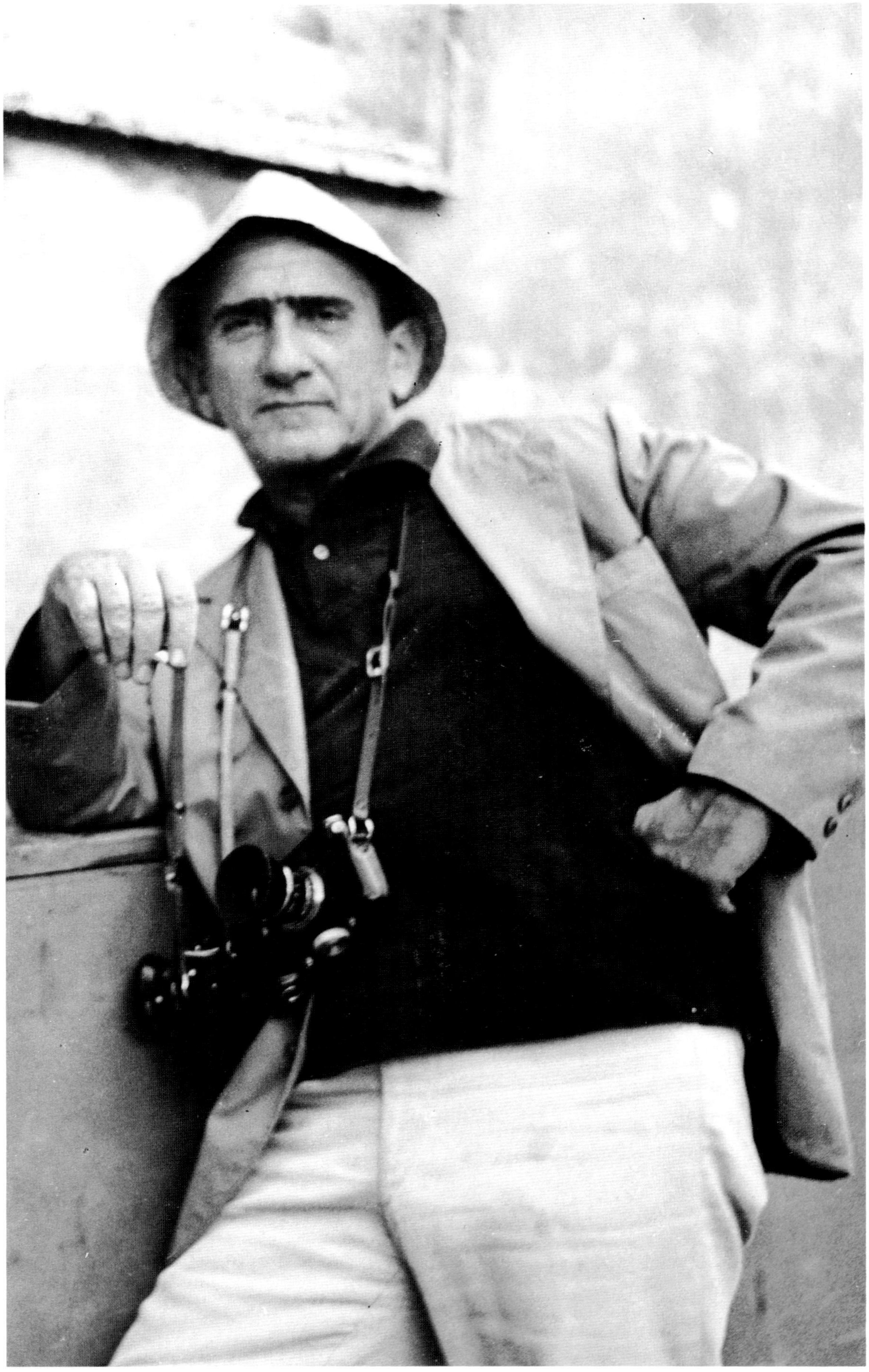

The extensive collection of photographs in this book is a pictorial chronicle of the last six months of James Dean's life. It was during this brief period that the friendship between James Dean and the Roths spanned the generation and ethnic background gaps and developed into a loving relationship. Based primarily on mutual respect and admiration, the friendship gradually encompassed a passion for cats, Oscar Wilde and an unfulfilled dream of seeing Paris and Rome together. Sanford Roth, who was born in New York in 1906 and died in Rome in 1962, gained an international reputation with his portraits of Picasso, Braque, Chagall, Léger, Einstein, Colette, Cocteau, Stravinsky and, of course, James Dean. He had an uncanny instinct for revealing the private

Die umfangreiche Fotosammlung dieses Bandes ist eine Bildchronik der letzten sechs Monate aus dem Leben von James Dean. In diesem Zeitraum überspannte die Freundschaft zwischen James Dean und den Roths den Graben zwischen den Generationen und den sozialen Unterschieden und entwickelte sich zu einer herzlichen Beziehung. Anfangs auf gegenseitiger Achtung und Bewunderung beruhend, erstreckte sich die Freundschaft nach und nach auf eine gemeinsame Leidenschaft für Katzen, Oscar Wilde und den nie verwirklichten Traum, gemeinsam nach Paris und Rom zu reisen. Sanford Roth, 1906 in New York geboren und 1962 in Rom gestorben, erwarb sich internationale Anerkennung mit seinen Porträts von Picasso, Braque, Chagall, Léger, Einstein, Colette, Cocteau, Strawinsky und natürlich James Dean. Er besaß jenen einzigartigen Instinkt, die private Welt der von ihm

La vaste collection de photographies de ce livre est une chronique picturale des six derniers mois de la vie de James Dean. Ce fut pendant ce laps de temps que l'amitié entre James Dean et les Roth a traversé la lacune des générations et differentes couches sociales et a pu se développer d'une façon harmonieuse. Fondé tout au début sur un respect et admiration réciproques l'amitié a graduellement englobé une passion pour les chats, Oscar Wilde et un fiévreux rêve de visiter Paris et Rome ensemble. Né à New York en 1906 et décédé à Rome en 1962, Sanford Roth s'est acquis une réputation d'un renom international pour ses portraits de Picasso, Braque, Chagall, Léger, Einstein, Colette, Cocteau, Stravinsky et bien naturellement celui de

worlds of his subjects, beyond their public facades. His technique was simple: unobtrusive 35 mm cameras, existing natural light and a facility for disarming the most celebrated people of our time by his informal approach. Sanford Roth's work has appeared in LIFE, VOGUE, HARPERS BAZAAR, PARIS MATCH, OGGI and other national and international publications. His one man exhibitions include the Los Angeles County Museum of Art, Chicago Art Institute, Pasadena Museum of Art, San Francisco Museum of Fine Arts and the Mills College Art Gallery. A number of his photographs are in the permanent collection of the Museum of Modern Art in New York. A retrospective exhibition of Sanford Roth's photographs will open this year at the Château d'Eau in Toulouse, France.

Porträtierten zu enthüllen, die hinter der öffentlich gezeigten Fassade verborgen ist. Seine Arbeitsmittel waren denkbar einfach: 35-mm-Kameras, natürliches Licht und seine Fähigkeit, die berühmtesten Leute unserer Zeit durch seine zwanglose Art zu entwaffnen. Das Werk von Sanford Roth ist in LIFE, VOGUE, HARPERS BAZAAR, PARIS MATCH, OGGI und einigen anderen Zeitschriften nationaler und internationaler Prägung erschienen. Ausstellungen fanden u.a. im Kunstmuseum von Los Angeles, dem Chicago Art Institute, dem Pasadena Museum of Art, dem San Francisco Museum of Fine Arts und der Mills College Art Gallery statt. Zahlreiche Fotos zählen zur ständigen Ausstellung des Museum of Modern Art in New York. In Frankreich wird in diesem Jahr im Château d'Eau von Toulouse eine Retrospektive von Sanford-Roth-Fotografien eröffnet.

James Dean. Il avait ce singulier instinct de révéler le monde privé de ses sujets au delà de celui qu'ils affichent ordinairement en public. Sa méthode fut très simple: un petit appareil de 35 millimètres, éclairage naturel de milieu ambiant et ses qualités distinctives de surprendre les gens les plus célèbres de notre époque. L'oeuvre de Sanford Roth est apparu dans LIFE, VOGUE, HARPERS BAZAAR, PARIS MATCH, OGGI et plusieurs autres revues de charactère national et international. Ses expositions comprennent Le Musée d'Art de Los Angeles, L'Institut d'Art de Chicago, Le Musée d'Art de Pasadena, Le Musée des Beaux Arts de San Francisco et plusieurs autres galeries et musées. Un grand nombre de ses photographies est exposé en permanence au Musée d'Art Moderne a New York. Une exposition rétrospective de Sanford Roth aura lieu en France cette année au Château d'Eau de Toulouse.

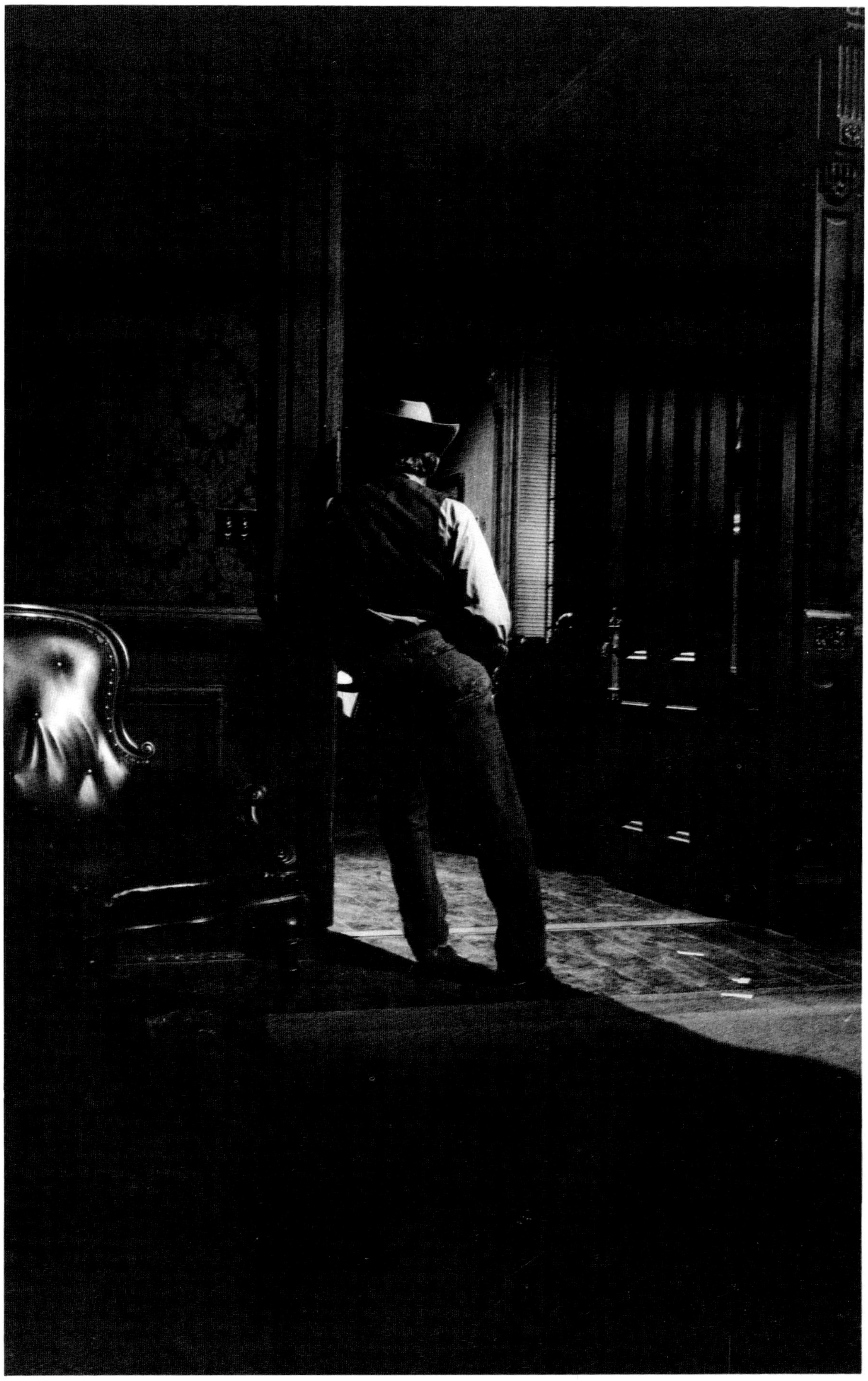